Senhores ouvintes, no ar...
A Cidade e o Rádio

Fábio Martins

Senhores ouvintes, no ar...
A Cidade e o Rádio

Fábio Martins

Belo Horizonte
1999

Editora C / A R T E

Editor:
FERNANDO PEDRO DA SILVA

Coordenadora da coleção:
REGINA HORTA DUARTE

Conselho editorial:
ANTONIO EUGÊNIO DE SALLES COELHO
ELIANA REGINA DE FREITAS DUTRA
LUCIA GOUVÊA PIMENTEL
MARÍLIA ANDRÉS RIBEIRO
MARÍLIA NOVAIS DA MATA MACHADO
OTÁVIO SOARES DULCI
REGINA HORTA DUARTE

Revisão:
ROSANE MOREIRA MAGALHÃES

Projeto gráfico:
JEFFERSON A. VIEIRA

Capa:
RÚBIA ROBERTA

Fotos da capa:
HARLEY CARNEIRO

Ficha catalográfica:
MARIA HOLANDA VAZ DE MELLO

Todos os direitos reservados. Proibida a reprodução, armazenamento ou transmissão de partes deste livro, através de quaisquer meios sem prévia autorização por escrito.

Direitos exclusivos desta edição:

Editora C/ Arte
Av. Portugal, 2085 - Conjs. 12/14
Cep 31550-000 - Belo Horizonte - MG
Pabx: (031) 443-1426
com.arte@comartevirtual.com.br
www.comartevirtual.com.br

M386s 1999	Martins, Fábio, 1943 - Senhores ouvintes, no ar... a cidade e o rádio / Fábio Martins. - Belo Horizonte : C/ Arte, 1999. 144 p. : 13 il. p&b - (Registros da Cidade) 1. Rádio - Belo Horizonte (MG) - História 2. Rádio - Programas - Belo Horizonte (MG) 3. Rádio Mineira - Belo Horizonte (MG) 4. Rádio Guarani - Belo Horizonte (MG) 5. Rádio Inconfidência - Belo Horizonte (MG) 6. Rádio Itatiaia - Belo Horizonte (MG). CDD: 791.44098151 CDU: 621.396 (815.1)

ISBN 85-87073-05-2

Do mesmo modo que a casa da infância permaneceu paradigma de todas as raízes ou de toda busca de raízes, o espaço local é o fundador do 'estar-juntos' de toda a comunidade.

Halbwachs

Pequena caixinha que carreguei
Quando em fuga, para que suas
Válvulas não pifassem.

Que levei de casa para o navio e o
Trem, para que meus inimigos
Continuassem a falar-me.

Perto da minha cama, e para minha
Angústia, as últimas palavras da
Noite e as primeiras da manhã.

Sobre suas vitórias e sobre meus
Problemas, prometa-me...

Não ficar muda de repente.

Bertold Brecht

Agradecimentos

Muitas pessoas marcaram, com sua presença, a escrita deste livro. Agradeço à professora Maria Auxiliadora Faria, pela paciente e cuidadosa leitura dos originais, fundamental para a elaboração deste trabalho. Ao professor Ciro Flávio Bandeira de Mello, pela dedicação amiga na crítica acurada, tornando possível um ordenamento precioso. À professora Vera Alice Cardoso Silva, a leitura detalhada e a crítica construtiva, que me levaram a superar dificuldades.

Minha gratidão à professora Eliana Regina de Freitas Dutra, pelo encaminhamento do livro à Editora C/Arte e à professora Regina Horta Duarte, pela delicadeza de seu trato na avaliação do texto, como coordenadora da coleção.

Meus agradecimentos ao Chico, à Maria Luzia, à Ana e à Virgínia, pela qualidade do trabalho de digitação. À professora Rosane Moreira Magalhães, pela competente revisão. Ao BDMG Cultural, pelo Apoio.

Aos colegas da Universidade Federal de Minas Gerais, agradeço o apoio. Em especial, ao professor Júlio Pinto. Meu reconhecimento ao professor Fernando Correia Dias que apreendeu, com acuidade intelectual e sensibilidade, o sentido desta minha escrita.

Lembro Yonne, presença forte e humana, cujo brilho me acompanhou desde as primeiras horas. Finalmente, sou grato a todos os homens e mulheres do rádio, que trazem para o nosso cotidiano esse mundo mágico e sedutor.

Agradecimentos à C/ Arte Projetos Culturais pela publicação, à DNA Propaganda pelo patrocínio e à Comissão Municipal de Incentivo à Cultura da Prefeitura de Belo Horizonte.

Sumário

PREFÁCIO 13
NOTA PRÉVIA 15
INTRODUÇÃO 17

I
CENÁRIOS 25

1. RÁDIO: UM VIANDANTE NAS ONDAS DO TEMPO 27
   Uma caixa que fala 28
   Rádios antigos: válvulas acesas 31
   O mundo se encurta 33
   Teatro de sombras 36
   Teatro de sonhos 37

2. NA PENSÃO COMÉRCIO 43
   Esses nadas reais 45
   Uma pensão recomendada 46
   Hóspede ilustre: o rádio 46
   Era uma vez a Praça Vaz de Melo 49
   A radioatriz pespontadeira 50

3. SENHORES OUVINTES: NO AR... 55
   No tempo do chapéu de lebre 55
   Boa noite, trabalhadores do Brasil 58
   Um menino, um rádio 59

4. ENCONTROS NA CASA DA ZEZÉ 63
   No Café Palhares 63
   A era dos *rendez-vous* e dos gogós de ouro 65
   Uma cidade para se amar 66

II
FUNDAÇÕES 75

1. RÁDIO MINEIRA: CLANDESTINA NA REVOLUÇÃO DE 30 77
Uma conspiração 79
Noel Rosa na Mineira 84
Da Rádio Mineira à Rua São Manoel, da Rua da Bahia à Floresta 90
Um companheiro de tertúlias 92

2. A RÁDIO GUARANI DOS LINCES E DOS PRIMAZES 95
Orquestras, cantores, auditório 95
Um médico descobre o rádio 98
Gente muito famosa 99
O Nome do Dia 104

3. INCONFIDÊNCIA DE MINAS GERAIS 107
A Inconfidência no ar 108
A fala de Benedito 111
Benedito não está no ar. Ele sabe o que quer 112
Mais detalhes para que a história não fique no ar 114

4. ITATIAIA: NAS ONDAS DA AVENTURA 121
Um tempo de sonhos 125
A insurgência 129
As asas quebradas da liberdade 131

REFERÊNCIAS BIBLIOGRÁFICAS 137

Prefácio

É com plena satisfação que escrevo estas linhas como prefácio do livro do Prof. Fábio Martins sobre a radiofonia em Belo Horizonte. Deriva esse meu sentimento da qualidade do trabalho em foco e do testemunho que ele representa de uma vocação bem realizada.

O texto é de difícil classificação. Contém a trajetória do autor, como aficcionado do rádio, desde a infância, passado pela experiência da aprendizagem e pela atividade profissional (coerente e bem sedimentada) no setor; contém a crônica de cenários belo-horizontinos muito significativos, em que o rádio entra como elemento impregnador; contém a história de quatro relevantes emissoras da capital de Minas, fundadas entre as décadas de 20 e 60. Esse é um resumo precário: a riqueza de conteúdo do livro é muito vasta e variada, tornando-o nada convencional. O próprio autor afirma que se trata de uma combinação de história, memorialística, crônica histórica e ensaística.

Mostra Fábio Martins como o rádio é vivido, em Belo Horizonte, individual e coletivamente. Expõe as impressões pessoais, as reminiscências da juventude; e também levanta muitos dados de pesquisa, que mostram como esse ramo da mídia condiciona a vida humana coletiva em uma comunidade urbana em transformação. Os modos de sociabilidade vigentes em Belo Horizonte são descritos de forma envolvente. Registram-se os costumes e as mudanças que experimentam. A evolução dos gêneros radiofônicos – na etapa primitiva da indústria cultural – é analisada à luz de muitos depoimentos bem colhidos.

A exposição sobre a vida boêmia representa um dos pontos altos. Nela temos dois personagens exemplares: Noel Rosa, que transita pela Rádio Mineira e pelos bares numa temporada para tratamento de saúde em Belo Horizonte, recordada no livro através da documentação existente; e a Zezé, dona de elegante *rendez-vous*, resgatada por meio de excelente entrevista/história de vida.

É tempo de falar sobre a elaboração formal do livro. Escrito com rigor metodológico – especialmente no campo documental – mostra-se, entretanto, de leitura leve e agradável. Assume, aliás, em muitos passos, indisfarçável tom poético. Deve-se dizer que o autor evidencia traquejo teórico-metodológico, demonstrando ser bem informado na área das técnicas de pesquisa em comunicação social. Acrescente-se que revela pleno domínio no uso dos instrumentos da história oral.

Pode-se perceber o livro em duas vertentes: a da formação e profissionalização do autor e a da história de Belo Horizonte (e, por extensão, de Minas Gerais) a partir dos anos 20. Demonstra ele alta capacidade de fascinar-se ante a realidade do progresso técnico expresso pela radiofonia, ante o papel socializador desse meio de comunicação social, ante o ambiente artístico. A tendência de fascinar-se encontra raízes na infância do autor: ressalta da visão mágica em que se embalou desde cedo. Outro atributo é o da sensibilidade aguda em face das questões sociais e dos acontecimentos políticos. Creio que a afinidade com o pensamento e a ação de Brecht explica, dentre outras fontes, a emergência de tal sensibilidade. É curioso que a aproximação com a perspectiva brechteana tenha-se dado, na adolescência, por intermédio de um frade franciscano.

A história de Belo Horizonte, vista pelo ângulo da radiofonia, detecta alguns momentos cruciais. Para ficar no aspecto político, lembremos a Revolução de 30, as vésperas do Estado Novo e o tempo do golpe militar de 1964. Diga-se, por sinal, que uma das qualidades do texto é que os episódios locais evocados o são sempre dentro do contexto histórico nacional.

Destaco como um dos momentos mais interessantes do livro aquele em que se descreve e se comenta a inauguração da Rádio Inconfidência em 1936: o discurso da elite política exprime as irreprimíveis apreensões que a assaltam. Leiam-se também as curiosas cartas que a emissora recebe de todo o país, dando conta da boa receptividade alcançada por uma potente rádio instalada em Belo Horizonte.

Para concluir, devo dizer que Fábio Martins não se limitou ao simples relato da implantação da radiofusão em Minas Gerais. Foi muito além. Oferece-nos um livro altamente sugestivo, de interpretação do fenômeno radiofônico e de seus vínculos com a vida comunitária. Propicia-nos notável contribuição para a história cultural de Belo Horizonte. Foi-lhe possível realizá-lo, em razão de sua longa experiência – expressa em bem sucedida carreira – como locutor, repórter, pesquisador e professor de Comunicação Social.

Fernando Correia Dias
Professor da UFMG e da UnB

Nota prévia

O escritor francês Pierre Rey, em seu livro *Uma Temporada com Lacan*, segreda ao leitor: "O principal era uma pergunta que eu fingia achar insolúvel: como escrever? A resposta era, contudo, evidente: como estou escrevendo."

Desejo falar, neste livro, sobre os que fizeram rádio, categoria social que surge quando o veículo se implanta. É uma investigação meio mágica, com um certo encanto boêmio e marginal. O rádio não era bem-visto nem recomendado como lugar de trabalho, mas fascinava como meio revolucionário de comunicação, com suas inovações técnicas, sua linguagem de alcance, suas notícias, músicas, novelas. E foi justamente a esse fascínio que muitas pessoas cederam – embora fossem de "boa família" –, e se tornaram artistas do rádio.

Não pretendo falar sobre a história da Revolução de 30, nem da intervenção político-militar de 64, contextos em que o rádio transita. Este texto fala sobre o rádio, seus personagens, seus ouvintes, a cidade. Não se insere exclusivamente na categoria de trabalho de história ou de memorialística ou de crônica histórica ou ensaística. Na verdade, alimenta-se de cada uma dessas fontes.

Presente no desenrolar das mudanças sociais e no processo de criação de formas mais sofisticadas de convivência, o rádio se torna ponto de referência para as pessoas, altera as relações sociais e a vida das instituições e, finalmente, constitui elemento vital na vinculação da cidade a um sistema social mais amplo: o país e o mundo.

Belo Horizonte é a cidade onde se desenrola o relato. Grande mobilizador, o rádio faz circular a informação e forma opinião. A concessão de canais e a organização das emissoras se processa em meio a manobras e jogos políticos dos concessionários. Enquanto isso, ouvintes vão-se envolvendo com o trabalho dos artistas de rádio; ao acompanhar a vida dessas pessoas, que consideram especiais, descolam-se um pouco da rotina da capital mineira.

O tempo estudado está compreendido entre as décadas de 30 e 60. O marco inicial é a fundação da primeira rádio em Minas. A investigação se encerra nos anos 60, por duas fronteiras impostas pela realidade. A primeira diz respeito à criação das freqüências moduladas – FM – como alternativa à expansão da televisão, com suas fascinantes imagens coloridas, concluindo uma etapa da história do rádio em Minas e no país. A segunda remete à intervenção político-militar em 1964, com seus mecanismos de censura aos meios de comunicação, que inauguram uma nova etapa na história do rádio no Brasil.

Dessa abordagem, poderá resultar uma contribuição à história dos meios de comunicação em Minas Gerais e uma oportunidade para estudiosos que se debruçam sobre fenômenos da cultura da fala.

São essas reflexões, para mim fascinantes, que desejo transportar para este livro, viageando com você, leitor, pelas ondas das primeiras rádios de Minas.

Fábio Martins

Introdução

> Toma de Minas a estrada.
> *Tomás Antônio Gonzaga*

No início dos anos 60, Belo Horizonte possui grandes emissoras de rádio: Mineira, Inconfidência, Guarani e Itatiaia. Recém-chegado do interior de Minas, apaixono-me pela cidade e pelo rádio que aqui se faz. Aquele mesmo rádio que ouvi na infância, levando-me, através da palavra e da música, a construir imagens sedutoras da cidade grande. Vejo-me agora na Belo Horizonte sonhada. Penso que o campo da imaginação talha caminhos para viagens inusitadas. Descubro que a cultura da fala é rica em possibilidades, e o rádio está nela inserido. A experiência da construção desse imaginário suscita lembranças capazes de nomear um passado.

Nos primeiros anos de estudo em Morro do Pilar, MG, tenho contatos iniciais com o rádio. Trata-se de um veículo ainda primitivo, sem sofisticação tecnológica. Homens falam através de uma caixa de madeira escura. Parece um sortilégio. Criança que indaga as coisas, não consigo decifrar o enigma do rádio.

Menino do interior, morando em fazenda próxima ao vilarejo, cresço ouvindo músicas, programas, novelas. Construo, como qualquer outro ouvinte, porém com mais paixão, meus campos imaginários, onde se estampam personagens das novelas e dos programas de auditório. Crio imagens de metrópoles, carros, bondes, trens de ferro; quadros de histórias com aventuras do Capitão Atlas e seu fiel amigo, Índio Chico; façanhas de Jerônimo, o herói do sertão; novelas que embalariam o coração e a mente dos ouvintes. Sedento de sonhos, pretendo deixar a pequena cidade incrustada nas montanhas e atingir a metrópole que fica além das serras.

O rádio já ocupou lugar de honra nos lares brasileiros. Já foi importante veículo de socialização. Rubem Alves, mineiro do interior como eu, narra uma bela história do primeiro rádio que sua família adquiriu. É o tempo da Segunda Guerra Mundial. Um dia, seu pai chega em casa, trazendo no automóvel aquela surpresa. A família corre para ver o presente:

> (...) dentro do automóvel estava aquela coisa incrível, sobre o que já tínhamos ouvido falar, mas só havíamos visto nas vitrinas de lojas: um rádio. Ninguém mais tinha rádio nas redondezas(...) a notícia se espalhou e todo o mundo veio ver a

maravilha. Caixa de madeira, bicuda em cima, até pegava o estrangeiro.[1]

O aparelho ficava, em geral, em cima de uma pequena mesa coberta com forro de croché e iluminava as reuniões de família. Na casa de Rubem Alves, o rádio muda a rotina: "Antes, a única fonte de novidades disponível era a dona Mazinha, que todos temiam, e não podia ser desligada". Agora, "o rádio informa que a vida continua noite adentro" e pode ser desligado. Quando terminavam a sessão de casos, todos deixavam o passeio da rua, onde se assentavam para tomar a fresca, e entravam em casa. Não para dormir, mas para penetrar no mundo encantado das novelas. Há a figura de Rosinha, cabocla inocente seduzida por um conquistador da cidade. Outra novela, *Rosa de Sangue*, leva os ouvintes para os "salões de bailes de Viena, onde se dançavam as valsas de Strauss e se ouvia o ruído dos sabres dos nobres". Alvarenga e Ranchinho, Jararaca e Ratinho apresentam programas caipiras de grande audiência. As crônicas de guerra de Carlos Frias são lidas por ele com voz grave e emocionada, "com os pistons de som rouco tocando Moonlight Serenade".

Rubem Alves lembra que o rádio levou a guerra para dentro de casa: "as batalhas eram acompanhadas num mapa-múndi pregado na parede da sala de visitas, com alfinetes indicando os pontos da linha de frente. A guerra era um dos assuntos preferidos que o rádio veiculava. Assim, ele se inscreve como um grande narrador do cotidiano através dos tempos, desde a sua fundação".[2]

Passados os primeiros quatro anos de escola, lá vou eu, sem ter sido consultado pela família – criança só é independente nos sonhos – para a cidade vizinha, Conceição do Mato Dentro; lá irei enfrentar a rígida disciplina do Colégio São Francisco. Os frades franciscanos trabalham para aprimorar a formação cristã. Não deixo de aceitá-la. Ademais, constato que, no colégio, as portas estão abertas para a grande aventura do conhecimento, incentivando minha procura adolescente. Desperto para o canto, individual e coral, na igreja da cidade. Mais tarde, começo a atuar como locutor de programas nas festas e nos eventos escolares. Os incentivos recebidos alimentam o entusiasmo e o desejo que a idade intensifica. Sou planta bem cuidada, sou um pássaro que sonha o azul do vôo.

No Salão Paroquial, apresentam-se cantores e instrumentistas. Ainda não existe a ampliação sofisticada de vozes e instrumentos: apenas um palco, um violão, um pistom e a voz afinada. Os aplausos são francos e efusivos. No mesmo local, funciona também o cinema. Primeiro, fico conhecendo Tarzan; depois, filmes populares italianos e faroestes americanos famosos; finalmente, as meninas de meus sonhos e fantasias me ensinam que o amor começa pelo brilho dos olhos e depois passa para o corpo e o espírito. Aprendo a sentir aperto no coração, a suspirar fundo, a encher os olhos de lágrimas.

> ... la donna é mobile
> qual piuma al vento...

---

[1] ALVES, Rubem, O quarto do mistério, pp. 61-64.
[2] ALVES, Rubem. O quarto do mistério, pp. 61-64.

No Salão Paroquial, muitas vezes, canto que "a mulher é móvel como pena ao vento, muda de atitude e de pensamento". Quando sofro desencanto, a voz é mais comovida; quando no amor tudo corre bem, o canto é doce. No canto e no cinema, convivo com a música popular italiana. Já quanto à teoria musical, por ironia da sorte, ao concluir o primeiro grau, sou reprovado. Passo parte das férias estudando solfejos e aprendendo as claves de sol e de fá. No dia do exame, lá estou eu, submetendo-me a argüição oral.

Um dia, surge na minha vida uma nova linguagem, que não a do brilho dos olhos: a do eco de palavras que trazem mensagens. Tudo acontece na pequena emissora que Frei Isaías, entusiasta do rádio, instala em Conceição do Mato Dentro. A licença, a título precário, é concedida pelos Correios e Telégrafos, que, na época, fiscalizam a concessão de emissoras. Com Otacílio Matos Andrade, colega de escola, faço as primeiras transmissões radiofônicas: são crônicas, informações e pequenos programas educativos, dirigidos ao público do colégio e da cidade.

Famílias se reúnem em torno do rádio, em horário considerado sagrado: o das novelas, que provocam suspiros e lágrimas. Somos transportados para um universo eletrizante, de fuga e fantasia. Lembro-me, por exemplo, da novela *O Direito de Nascer*, uma atração que causava deslumbramento. Instante único, vivo e presente, transmitindo a voz humana.

Acompanho a trajetória dos grandes produtores e atores. Descubro que o teatro radiofônico foi inaugurado na Inglaterra, em 1924, com a transmissão da peça *Através das Estepes do Inverno*, e, na França, com *Maremoto*. E que os americanos, em 1938, entraram em pânico quando Orson Welles narrou, como se fosse uma reportagem, uma invasão de marcianos, com base no livro de H. G. Wells.

Frei Isaías me apresenta Brecht, escritor e poeta preocupado com o rádio. Ele pretendia que o veículo fosse uma arma da sociedade democrática, permitindo a participação de todos. Não apenas um aparelho de emissão, mas também de interação, para transmitir e receber; que o ouvinte, além de escutar, pudesse, também, falar. "Um homem que tem algo a dizer aos demais sofre por não encontrar ouvintes; mas o mais terrível é que ouvintes não encontrem homens que tenham algo a dizer".[3] O dramaturgo, em suas *Propostas ao Diretor da Rádio*, texto publicado em 25 de dezembro de 1927, recomenda não só a democratização do rádio, mas também a transmissão de obras destinadas exclusivamente a esse meio de comunicação. Para ele, a arte e o rádio, a exemplo do teatro épico, deveriam ser colocados à disposição de projetos didáticos. Assim, em vez de constituir um meio de difusão dos interesses de uma minoria, o rádio deveria ter a função de promover reformas. Apreendo de Brecht a visão de que o rádio une as pessoas, cria uma sociedade democrática. "Se vocês acharem que tudo isso é utópico, eu lhes peço: perguntem por que tudo isso é utópico." Essa indagação vai acompanhar meu percurso profissional.

Na esteira do desejo, consigo chegar a Belo Horizonte. A capital fascina-me com sua expressão de modernidade. Vindo de uma pequena cidade colonial, recolho,

---

[3] BRECHT. Propostas ao diretor da rádio. Esse texto chegou às minhas mãos, na época, por Frei Isaías da Piedade.

em minha sedução, as palavras de Drummond: "Por que ruas tão largas?/ Por que ruas tão retas?/ Meu passo torto/ Foi regulado pelos becos tortos/ de onde venho./ (...) Cidade grande é isso? (...) Aqui/ obrigam-me a nascer de novo, desarmado".[4]

Nasci de novo. Os anos 60 trazem promessas de utopia, efervescência política de construção de novos mundos, exaltação do desejo de tudo mudar, tudo criar. As idéias de Brecht iluminam minha travessia.

A necessidade de sobreviver dobra-me primeiro no campo do trabalho, uma dobra impossível de me conferir autonomia de vôo. É aí que tomo consciência do movimento que faz o indivíduo passar de um espaço fechado para outro, cada espaço com suas próprias leis: a família; a escola; em seguida, a empresa[5]. Começo a perceber o sentido de se viver numa sociedade que organiza o controle e os meios de confinamento da informação. Resisto à idéia de transformar-me apenas em uma peça dessa engrenagem social panóptica, irreversivelmente baseada na vigilância. Como fazer?

Jovem perplexo na metrópole, apartado dos laços e valores interioranos, acolho o paradoxo de encontrar no lugar da realização de meus sonhos – o rádio – a negação deles. Torno-me repórter da Rádio Itatiaia. Na empresa, a ordenação do tempo, os dispositivos disciplinares, os ritmos de trabalho transtornam "meus passos tortos". Ao partilhar da faina diária dos funcionários, comparo-os a condenados. Entretanto, a experiência vai-me ensinando coisas.

A abertura da Itatiaia para as lutas populares dá um significado ao meu trabalho. A situação do país e de Minas é crítica, os movimentos sociais fervilham no cenário das lutas políticas. Tal conjuntura, aliada à minha convicção de que o rádio é um dos veículos mais férteis no campo da mídia eletrônica empurram-me para a aventura do trabalho radiofônico, integrando-me ao fascinante mundo da notícia e da reportagem.

Sou enviado ao Estado do Amazonas para gravar entrevistas com as populações e tribos ribeirinhas. Penetro nas lutas sociais pelas reformas de base. Documento episódios da vida política de Minas e do país. Entrevisto pessoas de diversos segmentos sociais, buscando identificar suas razões e reivindicações. Sigo o caminho dos fatos, a denúncia das injustiças; acompanho, participo, emociono-me.

No dia 30 de março de 1964, faço uma entrevista exclusiva com o General Carlos Luiz Guedes, em Belo Horizonte [6]. No dia seguinte, perplexo, vejo a entrada do país na grande noite sem estrelas. A ditadura amedronta, mas é preciso participar da resistência às suas arbitrariedades. A censura aos meios de comunicação chega severa, instala-se e contamina, suspendendo a livre expressão do pensamento. O controle e a vigilância tomam conta das redações: os direitos são fraturados. Os tempos encolhem as promessas. Mas a história, com seus múltiplos movimentos, desafia-nos a construir a democracia.

---

[4] ANDRADE, Carlos Drummond de, *Poesia e prosa*, p. 78.
[5] DELEUZE, Gilles. Conversações, p. 219.
[6] Essa entrevista foi publicada no livro de memórias do General Carlos Luiz Guedes. *Tinha que ser Minas*, pp. 207-209.

Desejando dar novos passos, deixo o rádio e ingresso no magistério, na área de produção radiofônica. Na Pontifícia Universidade Católica de Minas Gerais, levo para a sala de aula a experiência adquirida no exercício do jornalismo radiofônico.

Mas os caminhos pelos quais transitei já não são os mesmos. Por que são diferentes? No Brasil, até o final dos anos 60, a prioridade em comunicação de massa estava centrada, de forma significativa, no rádio. Com a expansão da televisão, surge o impasse: qual é o lugar do rádio? Como reagirá ao desafio da televisão? O tempo cuidou de resolver a questão: o rádio segue um caminho próprio, convive com a televisão, sem conflitos nem perdas capazes de destruí-lo. Buscando novas perspectivas de trabalho e possibilidades de pesquisa, submeto-me a um concurso público para o cargo de professor do Departamento de Comunicação Social da Universidade Federal de Minas Gerais. Aprovado, inicio uma nova fase na vida profissional.

Lembranças sobre o rádio desenham um tempo de memória, cujas linhas de demarcação são dispersas. Colher histórias sobre o rádio é girar ao seu redor, examinar cenários, coletar elementos de naturezas diversas. Quais são os espaços da cidade onde o rádio se encontra? Nas casas de nossa infância, nos lugares de entretenimento, lazer, trabalho. A programação emerge do viver da população, enriquecendo sua maneira de sentir, celebrar a existência, participar da palavra e da ação. Daí a relevância da interação entre rádio e cidade, ponto de partida para a fundação das primeiras grandes emissoras da capital mineira.

O rádio, em Belo Horizonte, liga-se a momentos de preocupação política e social. A primeira emissora, a Rádio Mineira, surge clandestinamente, no final dos anos 20, num momento de crise, em que Minas Gerais precisa fortalecer-se no cenário político nacional e em que se anuncia a Revolução de 30. O clima de incerteza, indeterminação e efervescência política favorece a idéia da fundação de uma rádio. O nome Mineira representa, naquele momento, auto-afirmação do Estado. Instalada no porão de um prédio público, funciona de modo precário, irradia mensagens políticas contra o Presidente da República, Washington Luiz, utilizando a freqüência da Rádio Nacional, com a aquiescência do Presidente de Minas, Antônio Carlos Ribeiro de Andrada. A Mineira é oficialmente inaugurada somente em 1931.

A Rádio Guarani, fundada em 1936, busca evocar, no próprio nome, uma dimensão da brasilidade: o sentimento de veneração indígena. Guarani: "notável e numerosa nação indígena da América do Sul, aparentada aos Tupis e que dominou grande parte da Bacia do Paraná, do Paraguai e do Uruguai".[7] No nome Guarani, a representação de força e poder tornam-se significantes. Nos anos 40, a rádio integra-se aos Diários e Emissoras Associados.

Idealizada por Israel Pinheiro, no governo de Benedito Valadares, nasce a Rádio Inconfidência, em 1936, às vésperas do Estado Novo. Mais uma vez, Minas pretende afirmar-se por meio de uma construção simbólico-ideológica, sustentando, no movimento dos inconfidentes, seu mito de origem. Israel Pinheiro, Secretário da Agricultura do interventor Benedito Valadares, é o idealizador da emissora, que oferecerá uma programação eclética, incluindo novelas, *shows* com cantores locais e nacionais,

---

[7] PRADO SILVA, Adalberto. *Novo dicionário brasileiro*, p. 685.

apresentação de orquestras, programas humorísticos, de auditório e de utilidade pública. *A Hora do Fazendeiro*, programa lançado em 1940, irá prestar serviços ao homem do campo por muito tempo.

As três rádios – Mineira, Guarani e Inconfidência –, desde os anos 30, constituem grupos de teatro e novela, organizam orquestras, contratam cantores, que se transformam em ídolos dos programas de auditório.

A concessão para a instalação de uma quarta emissora é objeto de disputa entre os pretendentes: o Bispo Dom Antônio dos Santos Cabral e Otacílio Negrão de Lima, ex-Prefeito Municipal de Belo Horizonte e ex-Ministro do Trabalho do governo do Presidente Dutra (1946-1950).

Mas vence a disputa o idealismo de Januário Carneiro, jovem jornalista. Itatiaia é nome que designa um pico localizado em Minas; evoca a natureza e as alturas. *Ita* significa pedra aguda; *tati*, em forma de ponta; *aia*, úmida.[8] A Rádio Itatiaia é fundada em 1950. A escolha do nome coube a seu fundador, expressa seu desejo e sonho de criar uma grande emissora, quem sabe a maior de todas no Brasil.

A partir de uma reflexão sobre minha trajetória, percebo um potencial que poderia abrir novos caminhos para entender o significado do rádio no contexto das mudanças pelas quais o país vem passando nas últimas décadas: a possibilidade de articular comunicação, educação e história social. Fascinado desde muito cedo pela cultura da fala, eu quis desenvolver estudos nessa área. Os recursos da história oral facilitariam a captação e a construção viva da memória de pessoas, comunidades, cidades. O rádio poderia levar esses achados ao conhecimento daqueles que desejassem conhecer os caminhos do fazer, do sentir e do pensar humanos. Mediante programação específica, seria possível transmitir a memória do mundo, dos homens e das coisas. Poderia ser estruturado, também, um processo de aprendizado social informal, abrindo-se a participação aos ouvintes, como sonhava Brecht em sua utopia de projetos didáticos. A Profa. Marlene M. Blois diz:

> Uma das características mais marcantes da sociedade brasileira é se pautar mais por tradições orais do que pela palavra escrita. A essa realidade, destaca-se, ainda, que vasta parcela da nossa população, além de baixa renda, apresenta-se formada por analfabetos, iniciados nas letras e pelos que não possuem hábitos ou mesmo condições de leitura. Acrescente-se, ainda, que o Brasil, país de dimensões continentais, abriga povo que fala uma única língua. Temos, então, reunidos fatores que apontam um veículo de massa como o que melhor pode atender a essa população potencial: o rádio. O rádio, no entanto, não teve na educação, realmente, sua grande utilização como veículo de comunicação de maior penetração e alcance no Brasil.[9]

---

[8] BUENO, Francisco da Silveira. Grande Dicionário Etimológico Prosódico da Língua Portuguesa. São Paulo: Saraiva, 1965, p. 504.
[9] BLOIS, Marlene. Rádio educativo.

Qual seria o caminho para a pesquisa? Quando penso neste trabalho, duas razões me ocorrem. Primeiro, o fascínio que o rádio despertava, em seus tempos áureos, e o desejo de traçar sua memória em Belo Horizonte. Segundo, o interesse pela própria história de Belo Horizonte, onde transcorre minha vida adulta. O que pretendo é estudar o rádio inserido na dinâmica da cidade, não só pela sua interação com o espaço urbano, mas, sobretudo, pela face sedutora da metrópole no período abordado.

A pesquisa sobre a qual se sustenta este trabalho baseia-se em fontes documentais, em arquivos públicos e privados. Colhi, também, relatos pessoais e depoimentos de profissionais do rádio, empresários, ouvintes. Lembranças fragmentadas pelo tempo, matizadas, talvez, pela vivência atual, por fantasias e sonhos irrealizados. Valem, contudo, pelas vozes que evocam, pelas falas que nomeiam aquilo que, de outra forma, permaneceria soterrado. Foi emocionante entrevistar locutores, radioatores, repórteres, animadores e outros profissionais de rádio. Em escolas, ruas, bairros, bares, cafés, casas de tolerância, procurei ressonâncias do rádio. Ouvi professores, militantes políticos, artistas, trabalhadores, meretrizes. Encontrei uma mulher que, quando menina, freqüentava programas de auditório; um acadêmico cuja família, nos idos de 40, era a única que possuía rádio no Bairro da Sagrada Família; uma freira que, na infância, morava na Avenida Oiapoque, limite entre as "famílias de bem" e a zona boêmia da Rua Guaicurus. Passeei por falas e ouvidos, durante essas entrevistas.

Um dia, surpreendi-me com o compositor Noel Rosa saindo dos meus arquivos, subindo a Rua da Bahia, para se apresentar na Rádio Mineira e fazer roda de samba no Bar Colosso. Senti, então, com certa premência, o apelo dos personagens para se libertarem das pastas azuis arquivadas na estante de meu gabinete.

Na tentativa de traçar o itinerário do rádio em Belo Horizonte, decidi dividir o trabalho em duas partes. A primeira trata da descoberta da transmissão radiofônica e mostra como o rádio se vai associando a cenários da cidade. Quais cenários, momentos, fatos não poderiam ficar de fora? Minha seleção dos aspectos a serem abordados é uma das possíveis.

No primeiro capítulo, enfoco o radiojornalismo no país, suas condições técnicas, quem ouve rádio, onde ouve, a livre expressão e, depois, a inibição durante a ditadura Vargas.

O segundo capítulo mostra o rádio sendo utilizado como forma de entretenimento em casas de família, casas noturnas, bairros de boemia. Surgem os locutores chamados "gogós de ouro".

O terceiro capítulo focaliza os anos 40 e 50, privilegiando artistas, locutores, repórteres. Época dos chapéus de lebre e dos cabelos com gomalina. O rádio é largamente utilizado por Vargas.

No quarto capítulo, por uma fresta da pesquisa, ouvimos o rádio anunciar o fim da Segunda Guerra Mundial no elegante *rendez-vous* da Zezé.

A segunda parte trata do surgimento das primeiras rádios em Belo Horizonte: Mineira, Guarani, Inconfidência e Itatiaia, entre os anos 30 e 50. Costumes e valores da população se mesclam ao cotidiano das emissoras. A fundação de cada uma dessas rádios constituiu marco expressivo na dinâmica da vida na cidade. Por elas passaram nomes que marcaram presença no cenário político local e nacional, bem como em profissões liberais. Alguns integraram equipes de trabalho na BBC de Londres. Vários repórteres foram agraciados com premiações de desempenho. Muitos dos radioatores escreveram novelas que obtiveram grande audiência. Enfim, um clima de fascínio, encanto e sedução marca os caminhos do rádio em Belo Horizonte.

Considero este trabalho um estudo exploratório que guarda certo grau de particularidade. A fim de organizar minha análise sobre os caminhos do rádio, lancei mão de alguns estudos a respeito desse meio de comunicação de massa, os quais foram incorporados às minhas reflexões sem aparecerem de forma explícita.

Assim, o apoio de Gisele Ortriwano orientou os passos dessa pesquisa qualitativa, ajudando-me a delimitar suas etapas. Mitchell Stephens guiou-me pela comunicação, ensinando-me a apreender seu sentido social a partir da necessidade de noticiar e do ímpeto de contar: enveredei pelas artimanhas da fala, do cochicho dos cafés à circulação em massa, chegando à mídia eletrônica. Com Caparelli, refleti sobre o controle da informação, relacionando os meios de comunicação a fenômenos de natureza cultural, ideológica, econômica.

Rafael Sampaio apontou-me a relação coloquial de integração que o rádio tenta, às vezes, estabelecer; seu papel complementar do universo de multimídia; sua natureza imbatível na agilidade jornalística e na prestação de serviços. Já Emílio Prado fez-me voltar ao mundo da instrumentalização radiofônica, seus pressupostos e conceitos estruturantes da informação.

Adorno levou-me pelos labirintos de uma sociedade que ensina a adaptação a qualquer custo, o ser realista. Segundo ele, quanto mais heterogêneo for o público dos *mass media* modernos, mais esses meios tendem a gerar integração social. No encontro com Walter Benjamim, aprendi que a descontinuidade, a ruptura, a fragmentação nos aproximam, cada vez mais, da realidade social investigada, que abomina a linearidade. Descobri, com Guattari, que o indivíduo se desterritorializou, as cidades perderam a subjetividade que lhes era conferida pelo sentido de terra natal de nossos antepassados.

Ao buscar maneiras de lidar com o passado, encontrei as lições de Le Goff e Halbwachs, que, além de me introduzirem nos percalços do tempo, mostraram-me que a memória individual é também social, coletiva. E desemboquei nas palavras de Chauí: "A memória numa sociedade que exclui, domina, oprime, oculta os conflitos e as diferenças sob ideologias da identidade é um valor, um direito a conquistar".[10] Passo ao leitor o pulsar desta conquista.

---

[10] CHAUÍ, Marilena. O direito à memória, p. 37.

I
CENÁRIOS

Por que não vais a Belo Horizonte? a
saudade cicia e continua branda: Volta lá...
Anda! Volta lá, volta já.

Carlos Drummond de Andrade

Rádio: um viandante nas ondas do tempo

O fenômeno da transmissão radiofônica, descoberta creditada a Marconi[11], teve longo percurso, marcado por inovações tecnológicas, avanço científico e novas demandas sociais.

Na Antigüidade, os gregos criaram a expressão telégrafo. Os termos significam *à distância* e *escrever*. Séculos cobriram rudes mas engenhosas técnicas, visando à comunicação rápida. Queimar o interior de um tronco de árvore, formar um tambor com as extremidades esticadas da pele de um animal tinham em vista vencer distâncias com o uso de sinais codificados; entre outros exemplos, a utilização de pombos-correio, sinais de fumaça, espelhos sinalizadores, tiros de canhão, sinais com lanternas e faróis de fogo.

Para viabilizar a implantação do rádio, alguns problemas precisaram ser solucionados, incluindo a teoria básica da eletricidade e do conjunto de circuitos que dimensionam a geração, a emissão e a transmissão de correntes elétricas. Válvulas eletrônicas de diodo e triodo são utilizadas para conectar a transmissão da voz ao telégrafo sem fio, que usava o traço-e-ponto. A televisão, cuja matriz é o rádio, teve de resolver problemas relacionados à transmissão de padrões de luz e sombra e sua recepção na tela. A válvula fotoelétrica foi tão necessária quanto a receptora de imagem, o que abriu campo para a televisão comercial. Fazem parte dos fundamentos das ciências físicas os princípios pelos quais som ou luz se convertem em ondas eletromagnéticas, que podem ser irradiadas e reconvertidas em som ou luz. O elétron é, pois, a chave que possibilita a transmissão e a recepção pelo rádio e pela televisão.[12]

Em meio ao processo de aperfeiçoamento das emissões, são travadas lutas pelos direitos à patente, pela utilização de freqüências, requeridas pelas emissoras emer-

---

[11] Guglielmo Marconi (1874-1937) nasceu em Bolonha, Itália; era físico e inventou o telégrafo sem fio. Suas primeiras experiências foram realizadas quando tinha 20 anos de idade. Em 1898, transmitiu, pela primeira vez, sinais de rádio entre a França e a Inglaterra. Anos depois, conseguiu fazê-lo através do Oceano Atlântico. A 12 de outubro de 1931, comandou, da Itália, os relés de comutação de energia elétrica, produzindo a iluminação do Cristo Redentor, no morro do Corcovado, no Rio de Janeiro. Ao fazer a ligação, Marconi estava em companhia do Papa, no iate Eletra. Outras informações in: A Arte da Entrevista - uma antologia de 1823 aos nossos dias. Fábio Altman (org.). São Paulo; Scritta, 1995, pp. 73-80.

[12] DEFLEUR, Melvin Laurence. Teorias da comunicação de massa, p. 105

gentes. Os governos são obrigados a interferir na normatização e formalização dos contratos, para que as emissões não se percam na confusão que atropela o dial dos rádios. O novo veículo de comunicação entra em confronto com os jornais pelo direito de irradiar notícias. Órgãos reguladores investem contra o que passou a ser considerado exagero de tempo na veiculação de propagandas.[13] Para Melvin L. DeFleur e Ball-Rokeach:

> Ao descrever as principais formas pelas quais a sociedade influi nos veículos irradiados, três problemas, um tanto diferentes, exigem esclarecimento. Primeiro, há os numerosos e complexos fatores sociais que criaram a necessidade e conseguinte procura de um veículo instantâneo de comunicação, capaz de saltar por cima de oceanos e transpor continentes. Segundo, há uma cadeia de inovações científicas e técnicas acumuladas à medida que uma invenção levou à outra, quando se buscaram diversos meios de se atender a uma necessidade. Finalmente, há os acontecimentos que resultaram na conversão de telegrafia sem fio e da radiotelefonia comerciais em um veículo de comunicação de massa com que transmitir programas para receptor em casas de nações inteiras.[14]

Esses autores salientam que até mesmo o surgimento da televisão, a partir do rádio, fez com que ela não só partilhasse uma história com ele, mas também herdasse sua base financeira, sua estrutura de controle, suas tradições e grande parte de seus talentos.

À medida que as sociedades vão ficando mais complexas, acentua-se a necessidade de romper as barreiras do tempo e do espaço de modo confiável e rápido.

UMA CAIXA QUE FALA

Véspera do Natal de 1906. Operadores de telégrafo sem fio em navios do Atlântico ouvem, perplexos, uma voz escapando dos fones. Naquela noite, diversas pessoas experimentam falar pelo sem-fio, nos Estados Unidos: uma faz um discurso, outra lê um poema, alguém toca violino.

Em 1912, durante o afundamento do navio Titanic, rasgado por um iceberg, no Atlântico, o engenheiro David Sarnoff decifra mensagens durante três dias e três noites, em Nova York. Em suspense e horrorizado, grande público acompanha as notícias. Este mesmo engenheiro, em 1916, imagina como seria um aparelho receptor, ou seja, o rádio como veículo de comunicação de massa. Trabalha, então, na Companhia Marconi Americana e envia um memorando a seus superiores, falando sobre a *caixinha de música*, mas suas observações não encontram ressonância. Assim David Sarnoff concebe o que chama de *caixinha de música*:

---

[13] DEFLEUR, Melvin Laurence. Teorias da comunicação de massa, pp. 161-139.
[14] DEFLEUR, Melvin Laurence. Teorias da comunicação de massa, pp. 161-162.

> Tenho em mente um plano de desenvolvimento que faria do rádio um 'utensílio doméstico', no mesmo sentido que o piano ou o fonógrafo. A idéia é levar música às casas através do sem-fio. Embora isso tenha sido tentado no passado por fio, foi um insucesso porque fios não se prestam a esse projeto. Com o rádio, contudo, seria inteiramente exeqüível. Por exemplo - um transmissor de radiotelefonia tendo um alcance, digamos, de 40 a 80 quilômetros, pode ser instalado num determinado ponto onde seja produzida música instrumental ou vocal ou ambas. O receptor pode ser na forma de uma simples Caixinha de Música de Rádio e preparada para diferentes comprimentos de onda, que deverão ser intermutáveis mediante uma simples torção dum botão ou pressão em um interruptor.
>
> A Caixinha de Música de Rádio pode ser acrescida de válvulas amplificadoras e um alto-falante, tudo podendo ser montado elegantemente em uma caixa. Esta pode ser instalada em cima duma mesa na sala de visitas ou na sala de estar, o interruptor colocado na posição adequada e a música transmitida ser recebida...
>
> O mesmo princípio pode ser ampliado para numerosos outros campos como, por exemplo, ouvir palestras em casa que possam ser perfeitamente audíveis; também acontecimentos de importância nacional podem ser simultaneamente anunciados e recebidos. Resultados de partidas de beisebol podem ser transmitidos no ar graças à utilização de um aparelho instalado no estádio. O mesmo seria aplicável em outros locais. Esta sugestão seria especialmente interessante para fazendeiros e outros moradores de locais afastados das cidades. Com a aquisição de uma 'Caixa de Música de Rádio', eles poderiam desfrutar concertos, palestras, música, recitais etc. Se bem que eu haja indicado os campos mais prováveis de utilidade para um aparelho desses, ainda existem numerosos outros setores aos quais pode ser estendido o princípio.[15]

O sonho de David Sarnoff encontra sustentação em inventores e cientistas que trabalham no desenvolvimento do rádio. Nos anos 20, suas sugestões se concretizam em parte, favorecidas pela utilização da telefonia, e surge, então, o rádio como utensílio para uso doméstico.

Todavia, coube a Marconi, utilizando ainda o serviço telegráfico, facilitar o que se pode considerar a primeira reportagem pelo rádio. O jornal *Dublin Express* solicitara a colaboração de Marconi para transmitir as regatas de Kingston. Acompanhado pelo repórter do jornal, Marconi se instala em um rebocador; seu equipamento é capaz de transmitir sinais a vários quilômetros. Durante as corridas, cabe ao repórter

---

[15] ARCHER. History of radio, pp. 112-113. Apud DEFLEUR, BALL-ROKEACH. Teorias da comunicação de massa, pp. 113-114.

transmitir os lances a Marconi, que os reproduz por meio do código Morse (traço-e-ponto). Os sinais são recebidos em Kingston, e, pelo telefone, o intérprete dita à redação as notícias coletadas.[16] O início da era das transmissões de notícias à distância constitui os primórdios do radiojornalismo.

No Brasil, a história do radiojornalismo surge atrelada ao jornalismo impresso: as notícias são retiradas dos jornais e adaptadas para o rádio – ou, mesmo, lidas como foram impressas.[17] O imediatismo e a instantaneidade do rádio não são explorados para criar a identidade de um novo meio de comunicação. Entre 1930 e 1940, as condições técnicas são precárias. Não existe ainda o transistor, e as emissoras funcionam com o sistema de válvulas: se a válvula se queima ou estraga, a emissora fica fora do ar até que se providencie a sua reposição, o que tem de ser feito nas cidades de São Paulo ou Rio de Janeiro, únicos mercados de produtos eletrônicos.

No início dos anos 40, não há os equipamentos portáteis, o que impossibilita a mobilidade e flexibilidade necessárias ao trabalho radiofônico. Os gravadores são aparelhos pesados, alimentados pela energia elétrica das redes das cidades ou localidades, o que comprometia a rapidez da movimentação do repórter. No princípio dos anos 40, os gravadores são de fio de aço e estão sujeitos a que o fio se parta, ou se perca sua ponta no rolo. Os amplificadores de som, muito grandes, são transportados pelos rádio-operadores e levados até os locais dos eventos.[18] A transmissão de uma partida de futebol, por exemplo, constitui uma operação complicada: as ligações com a rádio são feitas por meio de linhas telefônicas. Vale lembrar que, na época, os interurbanos só se completam se se tiver persistência e paciência. Ademais, era relativamente mais fácil conseguir uma ligação para São Paulo ou Rio de Janeiro – embora também fosse demorado – que para as cidades próximas a Belo Horizonte, como Nova Lima e Sabará.

O noticiário nacional e internacional chega por meio da escuta radiotelegráfica. A transmissão do telégrafo sem fio é captada pelo telegrafista, que consegue escrever vinte palavras por minuto. As notícias transmitidas diretamente dos Estados Unidos e da França, por radiotelegrafia, são veiculadas no Brasil pelas editorias das redações. O telegrafista, no momento da captação, tem que enfrentar as variações das condições atmosféricas, que dependem das estações do ano e da localização do receptor. Mas os americanos Bardeen, Brattain e Chockley criam o transistor em 1947, e o rádio passa por uma verdadeira revolução.[19] Os radiotransmissores pequenos e os receptores transistorizados alteram toda a rotina do radiojornalismo: o rádio pode, então, ser carregado a tiracolo.

Entre 1930 e 1960, o radiojornalismo presta grande serviço à população interiorana de todo o Brasil. Nas pequenas cidades de Minas, as informações impressas chegavam com atraso, pois os jornais demoravam pelas estradas: quando chovia,

---

[16] DEFLEUR, BALL-ROKEACH. Teorias da comunicação de massa, p. 111.
[17] SAMPAIO. História do rádio e da televisão no Brasil e no mundo, p. 46.
[18] DEFLEUR, BALL-ROKEACH. Teorias da comunicação de massa, pp. 156-157.
[19] SAMPAIO. História do rádio e da televisão no Brasil e no mundo, p. 6. Em 1956, esses engenheiros eletrônicos, que utilizaram os conhecimentos da chamada física do estado sólido para criar o transistor, recebem o Prêmio Nobel. A indústria de computadores muito deve ao transistor, que restringiu ou eliminou o uso de válvulas eletrônicas.

os ônibus atolavam-se na lama, e o *Jornal do Brasil*, o *Correio da Manhã*, o *Estado de Minas* chegavam com atraso às mãos dos leitores, trazendo notícias já velhas. Mas, no rádio, o *Repórter Esso*, por exemplo, na voz de Heron Domingues, era ouvido com assiduidade e trazia notícias de primeira mão, diariamente. Pode-se dizer que o rádio, ainda como acontece hoje, tocava a alma dos ouvintes: informava, divertia, colocava os grotões em contato com as novidades do mundo.

No final dos anos 50, surge uma novidade tecnicamente revolucionária: o gravador portátil transistorizado, que irá impulsionar o jornalismo radiofônico, facilitando a produção de programas de variados tipos. As estações começam, então, a atuar com alta mobilidade, o que valoriza toda a programação. Depoimentos, falas, entrevistas, ilustrações podem ser inseridos nos noticiários, por meio da gravação. O telex vem a seguir e aumenta a velocidade na obtenção da notícia. A partir de 1960, com os satélites, a emissão é contínua e mais confiável. Telex, satélites, telefones e rádio-escuta colocam a notícia dentro da redação, com eficiência e rapidez, sem exigir muito esforço. O mundo está ficando pequeno. Começa a ser resolvido o problema da fidelidade do som: a estática, o chiado, o ruído acabam; agora o som é puro, bonito, agradável. Os receptores se modernizam tecnicamente, e os aparelhos de som - o "som" – invadem os mercados do mundo.

Logo depois do transistor, o rádio ganha algo de extrema importância para sua história: a freqüência modulada – FM –, além das ondas de alcance médio – AM. A seguir, surge o sistema digital, e o som passa a ter qualidade excelente: a transmissão é pura, com modulação precisa. Por fim, advêm a cartucheira, o *laser*, o disco *laser* (CD). O computador aporta nos estúdios, e a informática passa a ser utilizada com eficiência. Aonde quer que seja, o ouvinte, ao sintonizar a FM ou a AM preferida, desfruta de som puro, recepção correta e precisa. Instalam-se grandes redes radiofônicas, e persistem emissoras de alcance menor. O rádio caminha para a segmentação, que se torna a preocupação maior: está na ordem do dia a busca do público alvo. Chega também a vez do rádio da comunidade. Há prenúncio do surgimento das emissoras especializadas.

RÁDIOS ANTIGOS, VÁLVULAS ACESAS

Os antigos aparelhos receptores de rádio provocavam encantamento. Segundo o Prof. Marcos Antônio Rosa[20], colecionador de rádios antigos, os aparelhos tinham nomes e significados estrangeiros, conforme o país de origem, e marcaram a infância de muitas gerações. Um dos primeiros rádios leva a marca Metrotone. Nas cidades históricas de Ouro Preto, Diamantina, Congonhas, Serro, Conceição do Mato Dentro, ainda se pode encontrar alguns desses aparelhos. Nas décadas de 20 e 30, o rádio ainda está restrito às famílias de alta renda. Quem possui certos bens, como fazendas, carros, possui também um rádio, objeto de luxo. Só no final dos anos 30 e início dos

---

[20] Relato pessoal do Prof. Marcos Antônio Rosa, da Escola de Engenharia da Universidade Federal de Minas Gerais, feito ao autor.

anos 40, é que a possibilidade de se adquirir um aparelho passa a ser maior. Na década de 50, com os transistores, é que o rádio, efetivamente, torna-se artigo de consumo popular.

Válvulas, botões de baquelita ou de madeira, condensadores eletrolíticos, lindas caixas, antenas em cima das casas, fios de terra aprofundando-se no chão, todo este aparato técnico era motivo de curiosidade e conversas sem fim. O rádio tinha um lugar próprio, na sala de visitas; era colocado sobre uma mesa coberta por um bonito forro ou bordado à mão ou feito de crochê. E as pessoas se sentavam em volta.

Os rádios receptores europeus – o Philips holandês, o Telefunken alemão, o Zenith e o Brown americanos – são aparelhos elegantes, que têm válvulas específicas; o rádio inglês Pye surge nas décadas de 30 e 40. As válvulas Philips recebem uma letra e um número; as mais antigas têm uma pintura dourada à volta; posteriormente, serão pintadas de vermelho. Já os receptores americanos usam sempre as mesmas válvulas, universais.

O ano de 1922 chega com transformações e inovações; entre elas, a primeira emissão radiofônica oficial no país. O mês de setembro anuncia o centenário da independência: no Rio de Janeiro, há desfiles, concertos, conferências, festas com fogos de artifício, bandas de música e inaugurações. Epitácio Pessoa, Presidente da República, faz a abertura da Grande Exposição do Centenário da Independência; nos pavilhões, o que há de mais moderno, em termos de tecnologia – máquinas, eletrodomésticos, confecções, artesanato, perfumaria, etc.[21] Montam-se estandes de cinqüenta países e de todos os Estados brasileiros. A Fábrica de Fiação de Tecidos Itacolomy, de Minas Gerais, a Companhia América Fabril do Rio de Janeiro e o complexo Matarazzo, de São Paulo, têm estandes próprios na exposição. É preciso atrair mais capital estrangeiro para o país, e é boa a oportunidade. As empresas que querem conquistar mercados para as transmissões fazem demonstrações radiofônicas.

Tudo está pronto para a primeira transmissão radiofônica no Brasil. A Companhia Telefônica Brasileira instala alto-falantes interligados a pontos estratégicos, no local da exposição. Num dado momento, as pessoas começam a ouvir música e vozes humanas: é a primeira emissão de rádio no Brasil, feita por meio da emissora experimental que a Westinghouse Eletric montara no morro do Corcovado. Epitácio Pessoa fala pelo microfone, inaugurando a Exposição do Centenário da Independência. As pessoas olham atônitas para os alto-falantes. Perplexidade e estranheza registram a experiência. Pela primeira vez, ouve-se rádio no Brasil.

Entretanto, Roquete Pinto, que esteve presente a esta solenidade, fundador da Rádio Sociedade do Rio de Janeiro, instalada em 1923, declara, décadas mais tarde, que "muito pouca gente se interessou pelas demonstrações experimentais de radiotelefonia". Considera que o desinteresse foi provocado pela transmissão cansativa de músicas e discursos "em meio de um barulho infernal, tudo roufenho, distorcido, arranhando os ouvidos". Segundo ele, o rádio "era uma curiosidade sem maiores conseqüências".[22] O *Jornal do Comércio*, do Rio de Janeiro, assim noticia o fato:

---

[21] SAMPAIO. História do rádio e da televisão no Brasil e no mundo, pp. 94-95; CASÉ, Rafael. Programa Casé: o rádio começou aqui, 1995, pp. 26-27.
[22] C.F. o depoimento de Roquete Pinto na fita cassete Grandes Momentos do Rádio.

A Rio de Janeiro and São Paulo Telefhon Company em combinação com a Westinghouse Internacional Company e a Western Eletric Company instalou uma possante estação transmissora no alto do Corcovado e outros aparelhos de transmissão e recepção no recinto da Exposição em São Paulo, Niterói e Petrópolis. Dessa forma o discurso inaugural da Exposição, feito pelo senhor Presidente da República, foi transmitido pelas cidades acima por meio da Rádio Telefonia.

À noite, no recinto da Exposição, onde se achava instalado um dos aparelhos de transmissão, foi proporcionado aos visitantes um espetáculo inédito para nós: daquele local, por intermédio do telefone de alto falante, foi ouvida, por numerosa assistência, toda a ópera O Guarany, como era cantada no Teatro Municipal.

Não deixou de apanhar o aparelho de recepção instalado no Municipal, nem mesmo os aplausos aos artistas que cantaram a Ópera Nacional. Em São Paulo, Niterói e Petrópolis também foi ouvida a obra imortal de Carlos Gomes. O êxito foi completo.[23]

Ao terminar a festa de inauguração da exposição, a Westinghouse retira a aparelhagem da emissora.

Durante quase um ano, não houve mais transmissões no Brasil. Em 20 de abril de 1923, a Rádio Sociedade do Rio de Janeiro é fundada por Roquete Pinto e Henrique Morrize, conhecidos como precursores do rádio no Brasil. Renato Phaelante contesta essa versão: afirma que, em 6 de abril de 1919, foi criada a Rádio Club de Pernambuco, fato registrado pelo *Jornal do Recife*, na edição de 21 abril de 1919. Revela, também, que a rádio foi oficialmente inaugurada em 17 de outubro de 1923, a partir de uma sociedade fundada em 6 de abril de 1919 por Oscar Moreira Pinto, Augusto Pereira e João Cardoso Ayres. Eles teriam começado a transmitir por meio da Rádio Club de Pernambuco no início de 1923. No mesmo ano, surgem, também, a Rádio Club do Paraná e a Rádio Educadora Paulista.[24]

O MUNDO SE ENCURTA

Para se instalar um canal de rádio, é necessário obter a concessão do governo federal. A emissora, então, recebe um prefixo, por meio do qual será identificada, com a designação da freqüência e da potência.

Os prefixos, também denominados indicativos de chamada, existem desde o início do radioamadorismo e são uma caracterização constituída de letras e números que variam de acordo com o país em que a emissora está instalada. Até a Segunda

---

[23] Estas e as demais informações são encontradas em: CASÉ, Rafael, Programa Casé - O rádio começou aqui. Rio de Janeiro - Mauad, 1995; p. 27.
[24] CASÉ, Rafael, op. cit. p. 28.

Guerra Mundial, os prefixos das emissoras eram compostos por três letras seguidas de um numeral. A Rádio Inconfidência, por exemplo, possuía os prefixos PRI-3, PRK-9, PRK-5, sendo uma emissora de ondas médias e curtas. Depois, a antiga forma gráfica foi substituída pelas letras ZY seguidas de um numeral. A emissora deve anunciar periodicamente, pelo menos de hora em hora, o seu prefixo. O anúncio é feito pelo locutor, na apresentação dos programas ou nos intervalos.

Nos primórdios das apresentações radiofônicas, o locutor era chamado de *speaker*, palavra inglesa que define sua atividade: falar ao microfone para rádio. Em 1932, Abílio de Castro, da Rádio Club de Pernambuco, passa a usar a expressão *locutor* em lugar de *speaker*. "Locutor vem do latim: *Aio locutius*, expressão traduzida como Deus da Palavra, e *loquotor*, do verbo *loquor*, significa narrar, falar, para designar aquele que fala, que se comunica, através da palavra". Abílio de Castro recebe críticas e elogios: estabelecida a polêmica, ele se mantém irredutível. Em seu depoimento, declara:

> ... eu já vinha invocado de ouvir esse termo speaker. Resolvi acabar com ele, jogá-lo fora, alijá-lo. Comecei, então, a utilizar o termo locutor sem dar satisfação nenhuma. Ignoraram a princípio. Oscar Moreira Pinto, diretor da Rádio Club, vem a mim e diz: - rapaz, o que é isso? locutor? isso satisfaz? eu respondi: - completamente. Se temos um termo na língua portuguesa, por que vamos empregar uma palavra estrangeira? (...) É um verbo latino que se conjuga na voz passiva, por isso é chamado depoente. Daí a palavra locutor, locutoris e, consequentemente, temos locutório ou parlatório, que é o lugar onde se conversa, onde se fala. Quem está conversando é locutor. A ação de conversar é locutagem.[25]

Abílio de Castro consegue convencer diretores de rádios e locutores sobre a propriedade do uso do novo termo. Escreve para a Rádio Roquete Pinto, do Rio de Janeiro; Splendid, de Buenos Ayres; para a Rádio Holanda, da Holanda. Todos aceitam a sugestão. A palavra *speaker* desaparece, dando lugar a locutor.

Nos primórdios do fazer radiofônico, não havia educação formal para os que trabalhavam nas emissoras; as próprias rádios constituíam escolas informais de aprendizagem e criatividade para os que ingressavam na nova atividade. Ademais, sentiam-se atraídos músicos, dramaturgos, cineastas, escritores, entre outros, que colocavam sua arte e seu saber a serviço do rádio, enriquecendo seus quadros.

Em 1938, em New York, o rádio vive um momento singular. Orson Welles, um cineasta de 23 anos, apresenta, pela rede de rádio CBS, no Dia das Bruxas, uma adaptação radiofonizada do romance *A Guerra dos Mundos*, de H.G. Wells. A obra narra uma invasão da Terra por marcianos. Bárbara Leaning, autora de uma biografia de Orson Welles, assim descreve essa experiência radiofônica:

---

[25] PHAELANTE. Fragmentos da história da Rádio Club de Pernambuco, p. 36.

A idéia bem bolada do roteiro era criar a ilusão de que o ouvinte pegava por acaso um programa de música para dançar ao vivo, que, a todo instante, seria interrompido por notícias-relâmpagos sobre "um enorme objeto flamejante, que se julgava um meteorito" que acabara de cair numa fazenda de Nova Jersey e que no fim significava a primeira investida de uma invasão da Terra, em grande escala, pelos marcianos.

(...) Eram oito horas da noite: o programa ia começar. Depois que o locutor anunciou com toda a clareza que "Orson Welles e o Mercury Theatre apresentam A Guerra dos Mundos, de H.G. Wells", a ação fictícia se iniciava no Meridien Room do Hotel Park Plaza, onde Ramon Raquello e sua orquestra estavam tocando. Depois: "Senhoras e senhores, dizia o locutor, interrompemos nosso programa de música de dança para transmitir o boletim especial que acabamos de receber da Agência Intercontinental de Notícias". Era a primeira das várias interrupções semelhantes que comunicavam uma série de explosões misteriosas em Marte e, por fim, a de um "objeto descomunal flamejante" que caíra em uma fazenda perto de Grovers Mill, Nova Jersey. Quando, eventualmente, um jornalista fictício, "Carl Phillips", conseguia chegar ao local, ouvia-se a voz dele informando que não se tratava de um meteorito, mas de um objeto voador não identificado, em torno do qual já se aglomerava uma verdadeira multidão de curiosos. Enquanto Phillips acompanhava a cena horrorizado, um monstruoso alienígena começava a sair da espaçonave. "Senhoras e Senhores, exclamava o jornalista, paralisado de susto, é a coisa mais horripilante que já vi em toda a minha vida... Esperem um pouco, tem alguém rastejando no chão. Alguém... ou sei lá o quê. Dá para se enxergar dois discos luminosos espiando por aqueles furos pretos... será que são olhos? Talvez seja uma cara. Ou quem sabe... meu Deus do céu, tem uma coisa que vem se retorcendo pelas sombras feito uma cobra cinzenta. Agora, já estou vendo, e mais outra, e mais outra. Para mim, são tentáculos. Pronto, agora, dá para ver o corpo inteiro. É do tamanho de um urso e lustroso que nem couro molhado. Mas, a cara... senhoras e senhores, é simplesmente indescritível. Mal posso continuar olhando pra aquilo, de tão hediondo que é. Os olhos são pretos e brilham como os de uma serpente. A boca é em forma de V e a saliva escorre dos lábios sem contornos, que dão impressão de tremer e latejar."

Daí em diante, o programa vai informando que o fogo dos invasores passa a matar os espectadores e o próprio jornalista "Carl Phillips". Orson Welles fazia o papel de um astrônomo e professor chamado Pierson, convocado para dar explicações: "Sobre o instrumento de destruição usado por eles, posso arriscar algumas conjecturas. Na falta de termo mais adequado, direi que a arma misteriosa é um raio incandescente. Não há sombra de dúvidas que essas criaturas dispõem de conhecimentos científicos muito mais adiantados do que os nossos".

O resultado desse programa foi que a população saiu às ruas em busca de proteção, recorrendo à polícia, aos bombeiros, aos jornais etc. No dia seguinte, o New York Times acusava Orson Welles, por "um embuste que deixara o país em pânico".[26]

TEATRO DE SOMBRAS

O aparelho de rádio é agora uma caixa compacta que o avanço tecnológico tornou disponível para a maioria. Antes, todos se reuniam ao seu redor; agora, ele é que acompanha as pessoas no carro, na cozinha, no escritório, no quarto, na cela, nos *campings*, nas piscinas, nas praças, nas viagens, etc.

Quanto mais o rádio se populariza, mais o governo se preocupa; as ditaduras, simplesmente, o temem, por isso exercem sobre ele um controle rígido. Para Francisco Campos, "não era preciso contato físico entre o líder e as massas para haver multidão (...) o rádio permitia uma encenação de caráter simbólico e envolvente".[27] A insistência do chefe do governo em falar pelo rádio construía um imaginário homogêneo, com a idéia e o sentimento de comunidade. Todos "participam" da construção nacional, sabem de tudo que o governo faz e estão capacitados a avaliar a ação governamental. Essa ilusão é uma constante no cenário político do Estado Novo. A par da dimensão política, o rádio mantém seus espaços de lazer, e o espetáculo das orquestras, do radioteatro, dos programas de auditório continua a embalar significativa parcela da população brasileira.

No governo de Getúlio Vargas, a licença para a exploração de canal de rádio era concedida em caráter provisório, com o objetivo de manter o controle sobre a radiodifusão, ainda incipiente. Vargas sabia da importância política do rádio e o usava como veículo de propaganda governamental.

Em 1961, o rádio exerceu também importante papel como meio de comunicação, quando da renúncia de Jânio Quadros. Leonel Brizola, Governador do Rio Grande do Sul, garantiu a posse do Vice-Presidente João Goulart mediante mobilização popular, conseguida por meio da cadeia da legalidade, comandada pela Rádio Guaíba, de Porto Alegre. Lembrando 1937, o governo autoritário vai impedir a liberdade de expressão.

A máquina de propaganda aperfeiçoa-se graças à experiência autoritária do Estado Novo. Naquele tempo, "à introdução do cinismo e da mentira como recursos de dominação política, cingem-se num mesmo plano a censura, a delação, a tortura. Projeta-se para a sociedade, através dos meios de comunicação, uma só imagem de si mesma, imersa num mundo de ficção, a competir com o mundo de sua realidade".[28]

---

[26] CF. CABRAL. No tempo do Almirante: uma história do rádio e da MPB, p. 180.
[27] LENHARO, Alcir. Sacralização da política. p. 38.
[28] LENHARO, Alcir. Sacralização da política. p. 38.

A intervenção político-militar de 1964 vai implementar a censura como prática rotineira e a repressão como maneira de manter o arbítrio.

Os golpistas de 1964 exercem uma fiscalização do rádio através de códigos, leis, portarias. A Lei de Segurança Nacional amedronta, aflige, permite prender quando e quem os homens do poder determinam. A programação das emissoras é gravada sob censura.

A partir de 13 de dezembro de 1968, com a edição do Ato Institucional n.º 5 – o AI-5 –, a censura torna-se forte, intolerante e intolerável. Inicia-se a época das proibições "por ordem superior". Jornais, rádios e televisões estão na mira do sistema.[29] Qualquer referência contra o governo gera cassação e suspensão das emissoras. Os jornais são apreendidos; a liberdade, despedaçada. Os olhos do governo estão presentes em todas as redações. Por qualquer dúvida, contrariedade ou suspeita, prendem. E, se quiserem, torturam. E, se desejarem, matam. Não há a quem recorrer. É o tempo do arbítrio e do autoritarismo.

TEATRO DE SONHOS

No início do rádio, o número de aparelhos receptores era reduzido. A divulgação das novelas e notícias se dava oralmente, a partir de um núcleo de ouvintes, que possuía aparelhos ou a ele tinha acesso. João Guimarães Rosa, em seu livro *Corpo de Baile*, narra como uma novela se espalhou pelo sertão, por meio da oralidade: os capítulos eram ouvidos por alguém que os transmitia a outras pessoas, e a novela era, assim, divulgada. E o narrador "floreava e incorporava os capítulos, quando se quisesse: adiante quase cada pessoa saía recontando, a divulga daquelas histórias do rádio se espraiava, descia a outra aba da serra, ia à beira do rio, e, boca e boca, tomando o lado de lá do São Francisco se afundava até os sertões".[30]

Em Belo Horizonte, o rádio se integrou ao cotidiano da população. Não é presença apenas nos cenários comportados de uma pensão, ou nas noites cálidas que libertam desejos represados. De fato, o rádio, fascinante companhia, já inaugurara uma nova dimensão de lazer: as novelas radiofônicas que tramam histórias e enredam a imaginação dos ouvintes em distintos segmentos sociais. São também parte desse imaginário os programas de auditório, com seus cantores e intérpretes. O radioteatro de Seixas Costa faz sucesso.

O rádio vai ganhando espaço no cenário da cidade. Na programação noturna, principalmente, os locutores e os humoristas fazem *shows* e radioteatro, e a novela é eleita um dos melhores programas nos idos de 30 a 50. Têm, em média, de 100 a 120 capítulos, e as apresentações são diárias, de segunda-feira a sábado. Durante 17 anos, duas grandes firmas foram patrocinadoras: a Casa Rolla e a Perfumaria Lourdes.

A maior audiência de novelas era da Rádio Nacional, do Rio de Janeiro. Em Belo Horizonte, a Rádio Mineira e a Guarani também faziam teatro radiofônico. En-

---

[29] Cf. CRUZ e MARTINS. In: Sociedade e política no Brasil pós-64. pp. 13-61.
[30] ROSA, Ficção completa. v. 1, p. 464.

tretanto, a equipe da Inconfidência, em pouco tempo, tomou a audiência e a liderança que a Nacional tinha na cidade, bem como as outras duas emissoras locais. Na década de 50, as rádios mineiras alcançam prestígio, quando, em Belo Horizonte, há um festival de radioteatro, com a presença de artistas de outros Estados.

Da esquerda para a direita: Costa Lima, da Rádio Paulista; Roberto Duarte, diretor da Rádio Inconfidência; Luiz Cláudio, Eunice Fialho, o maestro da Rádio Paulista e os cantores Paulo Marquez e Nívea de Paula. Arquivo de Seixas Costa.

José Seixas Costa domina o campo do radioteatro em Minas Gerais. Nasceu em Belo Horizonte, em 1918; seu pai – Lindolfo Garcia Costa – era de São Paulo, e sua mãe – Joana Seixas Costa –, de Ouro Preto. Seixas Costa deixa os estudos de Medicina no segundo ano, para fazer teatro com Luiz Panzi, na Rádio Mineira, no final dos anos 30. Depois, F. Andrade, que dirigia o teatro da Rádio Guarani, convida-o para seu *cast* de radioteatro.[31]

Em 1938, Murilo Rubião, escritor e jornalista, então diretor da Rádio Inconfidência, que funcionava no edifício da Feira de Amostras, na Praça Rio Branco, leva-o para a emissora. Entre os anos 40 e 50, a Inconfidência permanece em primeiro lugar em audiência, mensurada, na época, pelo número de cartas recebidas pela emissora, segundo os dados existentes nos arquivos de Seixas Costa.

Seixas Costa, autor de novelas e radioator, em pose de galã, em 1948, nos bons tempos do radioteatro. Arquivo de Seixas Costa.

---

[31] Relatos pessoais de José Seixas Costa ao autor, em 1989.

Além do radioteatro, são pontos fortes os programas de auditório, realizados aos sábados e domingos, no pátio localizado atrás da Feira de Amostras, sob o comando de Aldair Pinto, locutor e apresentador dos primeiros programas de rádio ao vivo em Minas Gerais.

Seixas Costa tem um *cast* de 90 artistas, cuja vida não raro se desdobra em noites de boemia. Após o trabalho, vão para os bares. Enredos de novelas são elaborados em mesas de botequins. No Café Palhares, tramam-se histórias românticas de amor e sofrimento, entre um copo e outro.

Os títulos das novelas buscam despertar o interesse do ouvinte no momento mesmo da apresentação, em que o locutor, com voz empostada, anuncia: "O radioteatro Lourdes apresenta, pela Rádio Inconfidência, *O Vale das Almas Perdidas*". Seixas Costa sabe escolher títulos para suas peças: *Ele Era um Condenado, A Mansão da Serra dos Olhos d'Água, O Estigma do Ouro, Destinos Desiguais, Quando Duas Almas Se Encontram, As Duas Vidas do Doutor Gerbal, Asilada, A Máscara Maldita, Um Crime Perfeito, Você Verá por Mim, A Vida sem Retoque, Um Sonho e uma Fantasia, Amargo Desengano*. Sua última novela apresentada na Rádio Inconfidência é sobre a obra de Aleijadinho e se intitula *O Gênio de Vila Rica*.

Apesar do sucesso, a situação financeira dos artistas de rádio é precária. Apenas os que entram para o setor de publicidade ganham algum dinheiro. Mas a questão econômica é superada pela riqueza dos contatos no fascínio das madrugadas. Convivem com conhecidos cantores da época – entre eles, Nélson Gonçalves e Orlando Silva, que sempre vinham a Belo Horizonte.

Freqüentam o Restaurante Lanterna Azul, no Bairro da Lagoinha, acompanhados pelo maestro Djalma Pimenta, diamantinense e juscelinista. O cantor Flávio de Alencar, o locutor e radioator Oliveira Duarte e o jornalista Wilson Ângelo também estão sempre com os artistas de rádio nas noites e madrugadas de Belo Horizonte.

No Bairro da Lagoinha, Seixas Costa ajuda a fundar dois times de futebol: o Brasil e o Terrestre. Embora rivais, participam do mesmo espaço de lazer, que são as serenatas nos bares e clubes do bairro.

Seixas Costa relembra que a convivência com distintos segmentos sociais o inspirava na criação de programas radiofônicos; muitos de seus textos tratam do cotidiano da Lagoinha. Um dos programas, por exemplo, é sobre a construção da Avenida Antônio Carlos, que exigiu centenas de trabalhadores e aconteceu num tempo em que o material era transportado por burros e jegues, que também carregavam a terra e o barro removidos e traziam areia, e as máquinas eram movidas a vapor.

Em 1950, entre as 243 emissoras de rádio instaladas no país, a Inconfidência e a Guarani destacam-se pela audiência. Pretendem igualar-se à Rádio Nacional, do Rio de Janeiro, cujas ondas atingem todo o Brasil. "Um meio de comunicação privilegiado, um vendedor de produtos, de opinião e de ilusões",[32] o rádio leva as notícias até os lares, leva a música popular do país, da América Latina, da Europa. A propaganda tenta convencer sobre os efeitos mágicos dos produtos de beleza e a eficiência dos

---

[32] RODRIGUES. A década de 50 – Populismo e metas desenvolvimentistas no Brasil. pp. 36-37.

artigos de limpeza. As novelas, sintonizadas por quase 4 milhões de receptores existentes no Brasil, em 1951, elevam a audiência das emissoras, e seus atores encantam o cotidiano dos ouvintes.

Mas, com a chegada da televisão, as novelas do rádio sofrem um grave esvaziamento, até quase desaparecerem da programação. O rádio, entretanto, mantém espaços específicos: é instalado em milhões de carros, muitos profissionais o ouvem durante o trabalho ou o lazer, os ouvidos sempre prontos para a escuta.

Seixas Costa, um dia, dobra-se ao encanto de uma mulher: apaixona-se por Terezinha, capixaba que o conheceu por meio do rádio. Seduzida por sua bela voz, Terezinha vem a Belo Horizonte para conhecê-lo. Procura-o na Rádio Guarani. Depois que retorna a Vila Velha, troca cartas com Seixas Costa. Encontram-se novamente. Por fim, eles se casam.

Ouvido atentamente por Seixas Costa (à direita), Nelson Gonçalves canta nos estúdios da Rádio Inconfidência. À esquerda, o locutor Levi Freire. Arquivo de Seixas Costa.

Na pensão comércio

A Pensão Comércio fica no início do Bairro da Lagoinha, situado na região central de Belo Horizonte. O espaço é dividido pelo rio Arrudas, pela linha férrea e pela Avenida do Contorno. Próximas estão as Ruas Guaicurus, Curitiba e São Paulo, famosas entre os anos 40 e início de 60 como pontos da boemia, bem como as Ruas Paquequer e Bonfim, localizadas no Bairro Bonfim.

A Pensão Comércio é um sobrado dos anos 20, construído segundo os padrões das residências do início da capital. Na fachada principal e na varanda lateral, possui toques e rebuscamentos do estilo *art nouveau*. É notável a riqueza de detalhes na platibanda e no frontão. Conserva as janelas de madeira originais, bem como o guarda-corpo de ferro e as portas que circulam o pátio, com altura característica das construções da época. O forro e as portas são de pinho-de-riga. Bem perto dali, fica a estação ferroviária, tombada pelo Patrimônio Histórico.

Foi preciso escolher entre muitas casas semelhantes a essa para poder interrogar os degraus da escada, a soleira da porta, as camas patentes, os portais imensos e o rádio antigo, ainda colocado em lugar de honra, na sala de jantar. Quero perguntar à Pensão Comércio: onde a beleza da Avenida Oiapoc, o ar puro das manhãs belo-horizontinas? Onde se esconderam o silêncio das noites e as mulheres da Praça Vaz de Melo? Ah, a Praça Vaz de Melo! O que fazem ali, hoje, viadutos de concreto cruzando a lama do rio Arrudas e passarelas cortadas por caminhantes empobrecidos?

A Pensão Comércio hospedou muita gente entre as décadas de 30 e 50, convivendo bem de perto com a Feira de Amostras.

1921. O assoalho da casa faz ecoar os passos de seu primeiro dono, o coronel João da Costa. A residência testemunhará as vivências da sua família até o ano de 1930.

Nascida em 8 de junho de 1909, Ana Amélia tinha 12 anos quando a família se mudou para a casa da Avenida Oiapoc. Lá nasceram cinco dos seus dez irmãos. O coronel João da Costa começara a vida como tropeiro; depois, tornou-se fazendeiro, e, finalmente, comerciante. Os filhos foram rigorosamente educados de acordo com a religião, tanto que um deles se fez Bispo, e a filha Amélia, freira dominicana, após desistir de se casar e de o ex-noivo se tornar padre. Como freira, ela foi estudar em Roma.

> Fiquei solteira, graças a Deus. No meu tempo, os casamentos eram mais duráveis. Mas sou muito compreensiva, pela minha idade, não me escandalizo com as coisas, não. Talvez por ter lidado com moças a vida inteira, no Colégio Santa Maria, em Belo Horizonte. A convivência com a mocidade educa a gente.
>
> Meu pai tinha 3º ano primário de escola de arraial. Minha mãe, Amélia Martins da Costa, nasceu no arraial de Curral del-Rei. Em 1921, nós levávamos uma vida muito sacrificada: morávamos no único quarteirão que era familiar da Avenida Oiapoque.[33]

Amélia, que os íntimos chamam de Lilita, vê as fotografias recentemente tiradas da casa: as grandes janelas, as salas, os quartos amplos. Seu olhar se fixa na foto da escada de corrimão de ferro, e ela suspira. É uma saudade funda.

> Quantas e quantas vezes subi e desci esta escada! Não existia a Praça Rio Branco, e, no lugar onde hoje é a rodoviária, ficava o mercado. Meu pai tinha um automóvel, um forde-de-bigode, para ir à fazenda. Ia terça-feira e voltava sábado. Na casa da Oiapoque, ele morava no quarto grande, da frente. Não havia barulho de trânsito, pois existiam poucos carros. A cidade era tão pequena e tão parada, que minha mãe não me deixava ir à casa de minha avó, na Avenida Paraná. Só conhecia um carro de praça, o do João Abramo, um italiano. Quando eu fiz exame de admissão na Escola Normal Modelo (hoje Instituto de Educação) minha mãe recomendou que não viesse sozinha, pois tudo era muito deserto, principalmente perto do Parque Municipal.

Lilita lembra-se da inauguração do *Pirulito*, o obelisco da Praça Sete, construído para comemorar o centenário da Independência, em 1922. E o prédio do antigo Banco de Comércio e Indústria, na Rua Caetés com Rua São Paulo, era o mais bonito que existia na cidade. Revela que, em 1926, "a Geni Silveira se casou com Otacílio Negrão de Lima, futuro prefeito de Belo Horizonte. Ela foi ao Rio em viagem de núpcias - era muito importante ir ao Rio naquela época - e trouxe um ferro elétrico para minha mãe".

Por volta de 1920, não havia oftalmologista na cidade. No entanto, a Casa Faria oferecia óculos de vários graus; os clientes os experimentavam e escolhiam o que se adaptava à sua necessidade. E o bonde?

> O bonde, como me lembro, andava devagar, muito devagar. A gente até cochilava. O cobrador do bonde era chamado condutor, e o que o conduzia era o motorneiro. Achava esquisita essa denominação (...) Meu pai não nos deixava freqüentar as festas. Eu estudei no Grupo Escolar Cesário Alvim. D. José, o Bispo, também estudou lá (...) As notícias de Belo Horizonte an-

---

[33] Essas e demais informações foram extraídas de relatos pessoais de Amélia Costa ao autor.

tiga são tão modernas para mim! O Cineteatro Metrópole era tão novo, e eles falaram que estavam desmanchando um cinema velho. Mas é pena que tenham desmanchado.

Em 1936, abriram a Praça Raul Soares. Eu me lembro que tudo era mato lá. Abriram para fazer o Congresso Eucarístico. Eu estava lá, foi uma festa cheia de fé, muito bonita.

Lilita rememora a inauguração da Rádio Inconfidência. Com ternura, lembra os irmãos, a mãe, o pai: "tinha uma voz baixa e firme; era bondoso, sem dúvida, e todos o saudavam, sobretudo quando passava dirigindo seu forde-de-bigode em direção à Fazenda Monjolos, lá pelos lados de Ribeirão das Neves". É para lá que a família se muda em 1930.

ESSES NADAS REAIS

Sentir-se em casa: é o que Lilita vivencia ao ver as fotos: "meu irmão subia de três saltos esta escada (...) Escondido, a gente pulava em cima dos colchões das camas patentes, cujas molas nos balançavam (...) E quando a gente saía escondido para espiar as ruas?" Os objetos fotografados guardam os sinais daqueles que os possuíram. Estes sinais vão-se encolhendo no percurso do tempo e, de repente, se desatam, se expandem, tomam formas com o fluir das lembranças. Assim, degraus de escadas, colchões de camas, ruas da vizinhança, em sua aparente neutralidade, podem guardar segredos.

Sacodem reminiscências da casa e da cidade. "Neste sentido, a fotografia se assemelha ao monumento. Ambos são indícios de que alguma coisa aconteceu no lugar, de que alguém esteve ali".[34] Mas, à medida que a cidade vai-se descaracterizando, vai perdendo suas referências. E a fotografia acaba negando sua capacidade de registro. Há uma certa perversidade no fato de a Pensão Comércio ser, hoje, apenas um "dos monumentos à lembrança dos que se foram".[35] A cidade deita raízes por meio de suas construções, mas o tempo as faz desaparecer: "daí o caráter nostálgico que recobre a foto. Não é fácil se acercar das coisas".[36] Com a ameaça de desaparição, o indivíduo tenta colocar suas marcas, sinais, símbolos de sua passagem. É preciso que ele faça alguma coisa para se sentir em casa.

O pai de Lilita constrói outra casa na Rua Guajajaras, entre a Avenida João Pinheiro e a Rua Sergipe. Nela é instalado, em lugar de destaque, o rádio. Na época, por ser uma grande novidade, é motivo de orgulho ter um aparelho de rádio em casa.

---

[34] PEIXOTO. As imagens e o outro, p. 472.
[35] PEIXOTO. As imagens e o outro, p. 472.
[36] PEIXOTO. As imagens e o outro, p. 474.

UMA PENSÃO RECOMENDADA

Quando Nelson ali chegou[37], encontrou uma casa atapetada, guarda-roupas de estilo, com espelhos de cristal bisotado, sala de estar mobiliada com sofás e cadeiras de palhinha. Nas paredes da sala de visitas, quadros com as estampas dos Sagrados Corações de Jesus e de Maria. Na sala de jantar, o quadro da Santa Ceia. Era costume, até os anos 50, as famílias adornarem as casas com figuras de santos da tradição católica. Na cozinha, o fogo crepitava no fogão de lenha, as chamas lambiam a trempe com as panelas de ferro e de pedra, a serpentina esquentava a água para os banheiros. Nas bandejas, travessas e terrinas de porcelana, as iguarias para as refeições do dia. A casa se preparava para viver o seu novo momento: a hotelaria.

Nelson de Sá volta a memória a 1937, quando chega à capital e se emprega na Pensão Comércio, propriedade de Elói de Almeida, que a adquirira de uma senhora apelidada Sinhá. Nelson vem a ser co-proprietário do estabelecimento. Depois, associa-se a Armando Matos e, posteriormente, a Alcebíades de Mello Costa (Cici Costa). Em 1946, com seu irmão, José de Sá, funda a firma Irmãos Sá Ltda. De 1937 até o início dos anos 60, a pousada marca época como estabelecimento conceituado e recomendado às pessoas do interior que vêm a Belo Horizonte. A Pensão Comércio encerra suas atividades em 1983.

HÓSPEDE ILUSTRE: O RÁDIO

O rádio fica no salão de jantar, entre o quarto n° 3 e o n° 4, no mesmo lugar antes ocupado pela vitrola de corda, que tocava os discos da Casa Edson, do Rio de Janeiro. O aparelho é uma caixa da cor de chocolate, com 48 centímetros de altura e 33 centímetros de largura. O mostrador é redondo e luminoso e fica encoberto por um vidro. O alto-falante transparece pelos recortes na madeira, encoberto por um tecido bege, com pequenos orifícios. Cinco botões de madeira comandam as mudanças de estação, a sintonia em ondas curtas, médias e tropicais. A antena passa pela parede da sala, rompe pelo telhado e se sustenta em suportes aí instalados. O fio de terra desce perto da escada e penetra no assoalho, ao lado do corrimão. Por detrás do rádio, as válvulas acesas e quentes criam uma penumbra no interior da caixa.

Se uma válvula queima, o rádio é levado à oficina. Os radiotécnicos usam demorar mais que o necessário para consertar o aparelho, talvez para valorizar a incipiente profissão. Ademais, só é possível consertar rádios em Belo Horizonte e em algumas poucas cidades do interior de Minas. Válvulas, condensadores, transformador universal, alto-falante, fios cruzados, o misterioso conjunto reina dentro da casa.

No período da guerra, ouvia-se muito rádio na Pensão Comércio. Nelson chegou a hospedar 120 pessoas por dia, com café da manhã, almoço e jantar. Recebia comerciantes, políticos, fazendeiros com toda a família, professores, costureiras, negociantes, entre outros. A maioria vinha à capital para resolver negócios, mas tam-

---

[37] Relatos pessoais de Nelson de Sá e sua esposa, Ordália de Sá, ao autor.

bém havia tempo para o lazer. Era preciso "aproveitar de tudo", até do rádio, pois a "sintonia aqui era melhor que no interior". Ordália, mulher de Nelson, lembra que, na fazenda de seu pai, a luz elétrica foi instalada em 1924 e o telefone em 1939, mas o "sucesso foi a chegada do rádio, em 1937". Quando ela viu e ouviu o primeiro rádio, sentiu grande admiração: "Olha uma caixa que fala!" Recorda que "possuir um rádio era um luxo", assim como ir ao cinema: "as mulheres, para freqüentá-lo, usavam chapéu e luvas, e era elegante ir ao Cine Brasil, quando se vinha a Belo Horizonte". A transmissão radiofônica ia somente até meia-noite. Ouvia-se muita música, e eram famosas as novelas: "Nós, as moças da geração dos anos 40, uma época romântica, calma, acompanhando as novelas, que nos enterneciam a ponto de descerem lágrimas".

As pessoas imaginavam mundos onde se locomoviam as personagens das novelas, que tomavam vida com a sonoplastia. Atores amavam, sofriam, viajavam no universo que os ouvintes criavam. Era o sonho e o devaneio.

A publicidade chega ao rádio, entre os capítulos das novelas, as notícias ou no decorrer dos programas, agraciando os ouvidos: anúncios do creme dental Colgate, das pílulas do Dr. Ross, do sabonete Lifeboy, do creme Ponds, do creme Rugol, do leite Glória, etc.

> Perfuma os dentes, creme dental Colgate.
> Perfuma o hálito, enquanto limpa os dentes.
> Perfuma a boca, enquanto limpa os dentes.
>
> Pra prisão de ventre, que é coisa atroz,
> Pílulas de vida do Dr. Ross.
>
> Tanto faz no verão ou no inverno também,
> Nossa transpiração quase um litro contém.
> E eu lhe direi numa voz natural
> Como manter o asseio corporal.
> Use sempre o herói, sabonete Lifeboy.
>
> Ela é linda, está noiva,
> Usa Ponds, Ponds, Ponds.
>
> Rosas desabrocham com a luz do sol,
> E a beleza das mulheres com o creme Rugol.
>
> Leite Glória, leite Glória,
> Eu só tomo leite Glória, leite Glória.
> Leite Glória tem melhor sabor.
> Leite Glória faz muito melhor o café com leite.
> Servido sozinho, bem geladinho,
> é o melhor alimento familiar.

A Pensão Comércio, no Bairro da Lagoinha, foi construída nos padrões das residências dos primeiros tempos da capital, com traços em estilo neoclássico. Hospedou muita gente nas décadas de 30 a 50, e suas paredes ainda guardam ressonâncias de vida e de palavras da época. O rádio foi seu hóspede ilustre. Arquivo de Françoise Imbroisi.

Na Pensão Comércio, conversa-se animadamente sobre as novelas ou entre uma música e outra. Comentam-se os programas de auditório de Aldair Pinto, na Rádio Mineira, localizada no coração de Belo Horizonte, na Rua São Paulo. Além das variedades criadas pelo apresentador, muitos cantores se lançam por meio do programa. A locutora, Maria Sueli, com "sua voz acariciante", contribui para "inflamar o auditório e os ouvintes de casa". O médico Theófilo Pires, com suas crônicas denominadas *O Nome do Dia*, homenageia figuras consideradas significativas na cidade e no país. Seus programas, pela Rádio Guarani, provocam comentários que embalam as conversas de fim de tarde, enquanto se espera a hora do jantar. Depois – quem sabe? – um passeio pela Praça Vaz de Melo.

ERA UMA VEZ A PRAÇA VAZ DE MELO

No Bairro da Lagoinha, há vestígios de luxúria nas pedras do calçamento, nas paredes enfumaçadas. É o espaço para o "amor fugaz das mariposas", "o brilho fugaz de sonhos e devaneios".

A Praça Vaz de Melo, com seus bares, suas pensões, seus hotéis e suas mulheres, constrói histórias de paixão. Celso Garcia, cantor da Rádio Inconfidência, interpreta os versos do pandeirista Mário Vaz de Melo, nascido no bairro: "Não há entre nós um paralelo/ eu na Praça Vaz de Melo/ e ela tão longe de mim./ E assim/ de cachaça em cachaça/ vou vivendo ali na Praça/ de botequim em botequim". Celso Garcia salienta:

> A Lagoinha significava para nós, entre os anos 40 e 50, o mesmo que a Lapa representava para o Rio de Janeiro. Era o tempo da Praça Vaz de Melo, com seus mais de 20 barzinhos e famosas pensões. Vizinho da Praça, o Cine Paissandu. Era uma coisa aconchegante, gostosa de ver. Efervescente.[38]

Mário Vaz de Melo lembra que a Praça, sobretudo as áreas das Ruas Paquequer e Bonfim, bem como o início da Avenida Antônio Carlos, sempre foram degradados. Hoje "estão piores. O que não faltava lá é o mulherio, tradição conservada na região".[39]

Próximo à estação rodoviária, hospedavam-se os que vinham a Belo Horizonte para fazer compras ou resolver negócios. Como a fama da boemia da capital se espalhara, muitos vinham era mesmo para conhecer as "madames", conforme comenta um cronista da época.[40] E "quando no interior do Estado o mineiro severo tinha de vir à capital para tratar de negócios, a esposa, apreensiva, avisava: não vai, meu velho, cair na gandaia, porque este tal Belo Horizonte é um perigo".[41]

---

[38] GARCIA. Entrevista. JORNAL DE CASA. Belo Horizonte, 12-18 de agosto de 1990, p. 6.
[39] VAZ MELO. Entrevista. JORNAL DE CASA. Belo Horizonte, 12-18 de agosto de 1990. p. 6.
[40] ANDRADE. Ordem pública e desviantes em Belo Horizonte (1897-1930).
[41] ANDRADE. Revista do Arquivo Público Mineiro. Belo Horizonte, p. 51.

Não foi só a Lagoinha que acolheu a boemia. Outra famosa e tradicional zona boêmia, que muitas gerações conheceram, é citada por Pedro Nava:

> A rua Guaicurus que era um pedaço de Marselha jogado no sertão, uma torre de babel deitada, onde se falavam todas as línguas: francês, espanhol, brasileiro do norte, do sul, mineiro de Pirapora, Januária, do Triângulo, da Mata, das terras verdes e das terras das águas. (...) zona das casas chiques, como a de Petronilha, Leonídia e Olímpia e da misteriosa Elza Brunatti, esta sempre fechada com cadeado no portão e freqüentada por gente boa e endinheirada (...) Havia uma outra casa cujos preços eram acessíveis a todos os bolsos, o movimento prodigioso daquele açougue chamado "Curral das Éguas", cujas vedetes eram a Geralda Jacaré, a Zezé Bagunça e a Maria Bango-Bango. Covil de preço vil: duas pilas.[42]

Lustrado com óleo de peroba, o rádio figura nos quartos e apartamentos tanto das prostitutas "respeitáveis", que atendem a uma clientela especial – políticos, delegados, comerciantes abastados, altos funcionários do governo, profissionais liberais, etc. -, quanto das demais, que atendem a "estudantes no fim do mês", a desocupados, a homens com pouco dinheiro.

A RADIOATRIZ PESPONTADEIRA

No rádio, também cintilam estrelas, radioatores interpretando peças sedutoras: Iracema Pierre, Seixas Costa, Maria Sueli, Anete Araújo, Wânia Carvalho, Lea Delba, Paulo Gonçalves, Silva Filho, José Geraldo, René Salgado, Elvécio Guimarães, Élzio Costa, Roberto Nilton, João Côco, Floriano Andrade, Paulo Maurício, F. Andrade, Vicente Prates, Agnaldo Rabelo, Antônio Kattah, Antônio Nadeu, Ricardo Luiz, Eunice Fialho, Cid Carvalho, Oliveira Duarte, Jairo Anatólio Lima, Glória Lopes, Conceição Grossi.[43]

A peça radiofônica é, substancialmente, palavra. Ruídos e sons apenas contribuem para despertar imagens. Por ser impossível "reproduzir uma ação externa visível", o ator radiofônico conta somente "com a possibilidade de comover interiormente".[44] Usa a voz para suscitar sensações e emoções. Não se dirige a uma massa, mas fala com o ouvinte, com cada um, isoladamente. Embora o rádio possa contribuir para uma experiência coletiva, seus efeitos são essencialmente "individuais, isto é, o rádio leva para a vivência isolada".

Palavra, força, emoção. Leila Perrone nos adverte sobre as palavras, "essas sedutoras".[45] O que é fascinante – diz – numa situação de sedução é o suspense. Por

---

[42] NAVA, Pedro. Beira Mar, p. 49.
[43] Anotações constantes do arquivo particular da radioatriz Iracema Pierre, em Belo Horizonte.
[44] SCHEFFNER, Horst. Para uma teoria da peça radiofônica, pp. 116-122.
[45] PERRONE-MOISÉS, Leila. Flores na escrivaninha, pp. 15-20.

meio da palavra, o sedutor arranca o outro de si mesmo, tal a força de seu desejo. A autora considera a sedução um fenômeno inseparável da linguagem. Rubem Alves lembra Sheherazade, que mantinha em suspense o prazer do sultão, preso à sua fala. Ela erotiza seus "vazios adormecidos. Acorda o mundo mágico da fantasia". Sua fala penetra "os ouvidos vaginais do sultão". O autor sugere que o ouvido é feminino, um "vazio que espera e acolhe, que se permite ser penetrado".[46]

Junho de 1932. Na Avenida Afonso Pena, quase esquina com a Rua Caetés, Francisco Panzi encerra o expediente na alfaiataria. Dia de trabalho intenso, tirando medidas, cortando, costurando calças e paletós. Agora, com a casa tranqüila, Panzi espera a turma do teatro para o ensaio. Sua responsabilidade é grande: está formando o primeiro grupo de radioteatro para atuar na Rádio Mineira, inaugurada há um ano. Estão sendo feitos os primeiros testes para a seleção do elenco. O grupo de pretendentes costuma encontrar-se no passeio da Avenida para chegarem juntos à alfaiataria. Léa de Almeida vai fazer o teste; sugere à amiga Iracema que tente também a carreira de radioatriz. Ela aceita sem constrangimento.[47]

Na hora do teste, Iracema lê com tranqüilidade e precisão o texto escolhido por Panzi, e é aprovada com elogios. Filha de italianos, acostumada a dançar, cantar e representar desde criança, Iracema encanta com sua voz de contralto e dicção perfeita. Gosta de aventura e de coisas diferentes, é uma mulher avançada para seu tempo. A filha do saxofonista de festas e de circos é pespontadeira de calçados numa fábrica próxima ao Bairro da Floresta, onde reside com a família. Recebe, também, encomendas particulares; posteriormente, irá montar sua própria empresa. Radioatriz e empresária, serão freqüentes suas idas a São Paulo e ao Rio de Janeiro.

Iracema Pierre marca presença no radioteatro e, na maioria das vezes, é escolhida para o papel de "mulher malvada". Envolvida com seus muitos afazeres, ela não participa das madrugadas dos artistas.

Segundo Seixas Costa, Iracema Pierre era bonita e atraía a rapaziada que fazia *footing* na Floresta. De interação amistosa e solidária, temperamento alegre, até os anos 80 fez parte do quadro de funcionários da Rádio Inconfidência. Desde o início, na Rádio Mineira, conquistou admiração e prestígio, durante os encantados anos das novelas de rádio.

Iracema de Oliveira Trópia nasceu em Ouro Preto, filha do italiano Pedro Trópia e de Clarinda de Oliveira Trópia. Em Belo Horizonte, trabalhou na fábrica de sapatos de Noraldino Rodrigues de Paula, e chegou a ocupar o cargo de gerente, no comando de dez pespontadeiras e de dez sapateiros:

> O salário era pouco. Uma vez, trabalhei também na Companhia Sul América, vendendo seguros e apólices. Aí ganhei muito dinheiro. Melhorei as coisas lá em casa. Mas eu era muito aventureira. Cheguei a montar minha empresa, numa de minhas voltas de São Paulo, entusiasmada com o progresso da cidade.

---

[46] ALVES, Rubem. O retorno e terno, pp. 24-25.
[47] Relatos pessoais de Iracema Pierre ao autor e informações retiradas de entrevistas com amigos radialistas, colegas da radioatriz.

> Chamava-se Fábrica de Calçados Guri. Continuei, no entanto, como pespontadeira, recebendo encomendas em minha residência. Meu tempo era curto.

Se, como diz Silésius, "a rosa é sem porquê", o mesmo acontece com um "presente extravagante que se atualiza na medida, mas igualmente na incoerência, na paixão, na efervescência".[48] Indago: e as aventuras de Iracema? E suas horas livres?

> Eu flertava muito. Namorava muito. Passeava muito. Ia ao teatro, à ópera e fazia curso de inglês. Recordo ter assistido Benamino Gigli, cantando no Cine Brasil, em Belo Horizonte. Como não gostava de bebidas alcoólicas e trabalhava muito, preferia freqüentar as lanchonetes e dormir cedo. Mas adorava os bailes que aconteciam no Automóvel Clube, no Diretório Central dos Estudantes, no Clube dos Comerciários. Conheci muita gente importante. Viver era uma festa no meu coração. Um namorado, muito conhecido na época, fundou um jornal na Floresta. Mas era um rapaz ciumento. Bravo. Bebia muito. Um dia, pediu-me em casamento. Recusei. Eu queria trabalhar, ganhar dinheiro, me aventurar. Queria conhecer gente. Queria viver no mundo. De braços abertos.

Iracema começa a viajar. Vai ao Rio de Janeiro, a São Paulo e volta encantada. Queria que Belo Horizonte fosse "animada e progressista" como São Paulo, sua paixão:

> Viajei muitas vezes a São Paulo. Ia visitar meu irmão, que morava no Braz, em uma pensão. Hospedava-me com ele, que namorava uma paulista simpática. Quando cheguei pela primeira vez, fiquei um dia e uma noite olhando a cidade: vi São Paulo anoitecer, vi São Paulo amanhecer. Era um movimento constante. Não parava. Fascinante.

Esse encontro leva Iracema a novos desafios, faz brilhar sua chama de buscar novos ritos. Ingressa no radioteatro da Rádio Mineira. Nasce Iracema Pierre. Para ela, foi como "fazer uma aventura". Antes, participava dos programas de calouros da emissora. Agora, penetra no mundo mágico, como intérprete de novelas românticas:

> Como todo o mundo ouvia novela, fiquei muito conhecida. Nos pontos de ônibus, nos elevadores, nas salas de espera dos teatros, nos clubes, nas ruas da cidade, quando eu falava uma palavra qualquer, as pessoas se viravam para afirmar: - Você é Iracema Pierre. Certa vez, um fã foi-me visitar. Mas havia uma concorrente: a radioatriz Anete Araújo, que tinha ciúme de mim. Ela sempre fazia o papel de "boazinha" nas novelas. Eu, a má. Quando Anete presenciou a cena em que o fã me fazia elogios, cochichou com colegas: - Uns gostam dos olhos, outros ...

---

[48] MAFFESOLI, Michel. O conhecimento do quotidiano. p. 59.

Para ensaiar as peças radiofônicas, os artistas se sentam em torno de uma mesa grande. Lêem o texto sob a orientação do diretor. São gravadas, em média, oito novelas em discos. Não se pode errar no momento da gravação, pois não há, na época, as fitas magnéticas que permitiriam correções. A sonoplastia se incumbe dos sons e ruídos, da trama.

As novelas, essas sedutoras, representam a realidade e se incorporam ao imaginário popular. Nos elos sem fim das palavras, a teatralidade também representa a realidade. É sua rede de apoio, capaz de possibilitar "que o conjunto social seja um todo contraditório, mas ordenado".[49] A manifestação lúdica está ligada à realidade, expressando-se por meio das relações sociais. Essa teatralidade irá penetrar o espaço vadio das palavras, descobrindo novas formas de convivência, mediadas pela presença do rádio. Haverá momentos diversificados, que irão acionar desejos e inquietações, penetrando no reino do efêmero e do imprevisível.

A beleza de Iracema Pierre, uma das radioatrizes mais famosas da década de 50. Arquivo de Iracema Pierre.

---

[49] MAFFESOLI, Michel. A conquista do presente. p. 136.

3

Senhores ouvintes, no ar...

Década de 30. A ditadura do Estado Novo avança sobre o rádio, sobre a imprensa. Francisco Campos afirma que os meios de comunicação são o instrumento "maior e mais poderoso do governo", por isso "não podem ficar à mercê do interesse privativo".

O rádio exerce um grande papel nesse momento, uma vez que pode levar mensagens muito longe. E como ficam longe as cidades, os bairros, as vilas, os povoados! Tudo é ainda devagar, muito devagar. A voz, a música, a novela incitam o imaginário e povoam os corações e as mentes de sons e de mistérios. O rádio constituirá preocupação permanente do Estado, desde sua implantação no país[50].

NO TEMPO DO CHAPÉU DE LEBRE

O mesmo rádio tão utilizado pelos governantes proporciona alento e inspiração aos poetas, músicos, cantores, radioatores. Em Belo Horizonte, locutores têm, a cada dia, mais prestígio e poder, graças ao mundo do "amigo ouvinte". Os profissionais de rádio vivem uma época romântica; muitos são politicamente alienados ou ficam fora das lutas sociais. Em sua maioria, vão encontrar nos programas radiofônicos a realização de suas fantasias amorosas e a afirmação de seu poder individual. Estamos na época dos "cabelos engomados com brilhantina", das "gravatas presas por grampos dourados", dos "chapéus de lebre", dos "ternos brancos de linho ou de casimira". A palavra falada vem doce e empostada e, simplesmente, fascina. Locutores e cantores marcam presença nesse tempo, nas festas e reuniões, nos bailes e *rendez-vous*, nos ambientes dos "velhos tangos e canções e gatos de porcelana", que as "mariposas noturnas" e "as bonecas cobiçadas" enfeitam.[51]

Nos anos 50, o principal meio de transporte em Belo Horizonte é o bonde. As pessoas se aglomeram nos três principais abrigos, à espera dele: o da Rua Carijós com a Praça Sete de Setembro; o da Rua Curitiba com a Avenida Afonso Pena; e o de Santa

---

[50] GARCIA, V. J. Estado Novo: ideologia e propaganda política. p. 102.
[51] Depoimentos de radialistas da época.

Tereza, na Rua da Bahia com a Avenida Afonso Pena. Nesses abrigos, existem alto-falantes de uma rede sonora, cujos estúdios se localizam no Edifício Timbuí, na Rua Rio de Janeiro, próxima à Praça Sete de Setembro, no coração da cidade. Por esses alto-falantes, o compositor Hervê Cordovil, famoso no meio artístico, toca gravações de sucesso e conta prudentes piadas mineiras, e o locutor Nelson Thibau lê os comerciais. Bem perto do abrigo da Rua Carijós, fica o Cine Brasil; embaixo dele, em amplo salão, Hervê Cordovil comanda os *shows* noturnos.

Para falar de Nelson Thibau, voltemos a 1935. Com 12 anos de idade, ele é aluno do Grupo Escolar Silviano Brandão. Thibau será muitas vezes candidato a Prefeito Municipal de Belo Horizonte e, em uma das campanhas eleitorais, prometerá colocar um navio na Lagoa da Pampulha; está começando o giro que o levará ao rádio. Muitos alunos desse tradicional grupo escolar ensaiam ao piano com Édila Thibau - D. Lalá -, professora de Canto e Música. Nessas reuniões escolares, origina-se o famoso Programa do Garoto: Nelson Thibau é o locutor que apresenta os seus colegas cantores. Mais tarde, na Rádio Mineira, irão desfilar as vozes de Geraldo Alves, Ethel Gonçalves, Terezinha Tavares.

Em 1946, Thibau substitui Afonso de Castro, famoso locutor, titular do programa *Valsas e mais Valsas*, na Rádio Mineira. No ano seguinte, junto com Celso Brant, apresenta o programa *Espelho da Cidade*. Segundo Thibau, "o programa era muito moderno, falava sobre arte, culinária e moda; fazia entrevistas com gente da sociedade, dava notícias dos bailes. Muita coisa inspirada por Celso Brant, um intelectual no rádio".[52]

Em 1947, Thibau, que pegava carona em outros programas, inscreve-se no concurso para seleção de locutores da Rádio Guarani. São realizados dois concursos, cem pessoas se inscrevem ao todo. Na primeira turma, Theófilo Pires, estudante de Medicina, classifica-se em primeiro lugar, seguido por Helenice Mourão, Orlando Pacheco e Ramos de Carvalho. Thibau se classifica em primeiro lugar na turma seguinte, junto com Radeck Muzzi, futuro desembargador, e Venero Caetano, que será diretor dos Correios na década de 60.

Thibau trabalhará, também, na Rádio Inconfidência, substituindo Francisco Lessa, um dos grandes locutores da época, que cuidava da dicção, da empostação e da locução corretas. O difícil era imitá-lo, o que Thibau tentava "fazer à altura"; empostando a voz e ritmando a leitura, ele anunciava: "O bom ouvinte escuta a Rádio Inconfidência". Outro locutor, Oswaldo Coscarelli, um engenheiro, substituía tão bem Francisco Lessa, que o ouvinte nem distinguia, a imitação era perfeita.

Ainda em 1947, o rádio ganha um profissional que fará brilhante carreira. Jairo Anatólio Lima, então com 8 anos de idade, vestindo calças curtas, começa a trabalhar como *boy* na Rádio Inconfidência. Ele se tornará locutor de reconhecida história no rádio mineiro. O menino Jairo fica na portaria da rádio, recolhendo e guardando os chapéus de lebre dos homens que entram. Todos de terno, chapéu e gravata, inclusive os locutores - muito importantes, na época. Segundo Nelson Thibau, quando um locutor chegava em qualquer lugar público, as moças pediam que ele "falasse em seu

---

[52] Relatos pessoais de Nelson Thibau ao autor.

ouvido", para conferir se a voz era tão bonita quanto no rádio. Ao ouvi-lo falar, "algumas até desmaiavam".

A fama dos locutores, dos cantores e dos radioatores expande-se pelos vários segmentos sociais, mas seu lugar privilegiado é na boemia da cidade, entre "lindas mulheres argentinas, uruguaias, paraguaias", que festejam os mais famosos. O rádio é que reina absoluto, a televisão ainda está para chegar.[53]

Em 1950, era comum a vinda de artistas da Rádio Nacional, do Rio de Janeiro, a Belo Horizonte. Na foto, ao microfone da Rádio Inconfidência, o cantor Paulo Marquez, e César de Alencar, animador da Rádio Nacional. Arquivo de Seixas Costa.

---

[53] Relatos pessoais de Nelson Thibau ao autor.

BOA NOITE, TRABALHADORES DO BRASIL

Em 1932, há 16 emissoras em funcionamento no Brasil. O elevado índice de analfabetismo – 65,2% em 1920; 55,4% em 1940, entre a população com idade superior a 18 anos – faz com que o rádio tenha significativa importância.[54]

Os programas musicais, humorísticos, esportivos, as novelas e o radiojornalismo começam a aparecer nos primeiros anos da década de 30.

De 1932 a 1937, são instaladas 63 emissoras no país. O governo registra não somente aquelas de que é concessionário, mas também os receptores: ele já percebera a eficácia do veículo, tanto que, em 1932, pelo Decreto nº 21.111, determina que o rádio seja considerado um serviço público e sua utilização subordinada à concessão do Estado. Os subsídios para a propaganda política são retirados dos discursos de Getúlio Vargas, de seus ministros e assessores, em pronunciamentos feitos em inaugurações e visitas oficiais, festas, comemorações. Pregava-se a mobilização econômica e a desmobilização política. O governo é proprietário de jornais, estações de rádio e produtoras cinematográficas e sobre eles mantém rígido controle e censura. Nos jornais, nas rádios e nas produtoras cinematográficas particulares, a fiscalização se dá por meio dos contratos com o governo, da censura e da obrigatoriedade de divulgar e retransmitir notícias, dentro de uma programação vigiada. No Estado Novo, o número de rádios receptores registrados passa de 357.921 para 659.762 aparelhos licenciados em 1942.[55]

No dia 1º de maio de 1937, Getúlio Vargas envia ao Congresso Nacional uma mensagem em que destaca a importância de se ampliar a divulgação das ações governamentais: "mesmo nas pequenas aglomerações sejam instalados aparelhos rádio-receptores, providos de alto-falantes, em condições de facilitar a todos os brasileiros, sem distinção de sexo nem de idade, momentos de educação política e social, informes úteis aos seus negócios e toda sorte de notícias, tendentes a entrelaçar os interesses diversos da nação".[56]

A *Hora do Brasil*, cuja primeira transmissão foi feita em 1931, das 19 às 20 horas, é uma irradiação oficial do governo. Implantada pelo Departamento de Opinião Pública – DOP –, é reestruturada pelo Departamento de Imprensa e Propaganda – DIP –, criado em 27 de dezembro de 1939. O programa passa a obedecer ao seguinte esquema de emissão: irradiação de discursos, atos e empreendimentos do governo, descrição de regiões percorridas pela comitiva presidencial; descrição de cidades e regiões do país; notícias sobre livros publicados no país; audição de obras dos grandes compositores do passado e do presente, principalmente brasileiros; noticiário internacional e boletins meteorológicos.

Em 1944, há 105 emissoras no país. Em 1945, 111.

Para inculcar nos trabalhadores a ideologia oficial do regime, Alexandre Marcondes Filho, Ministro do Trabalho, entre 1942 e 1945, proferia "palestras

---

[54] GARCIA, V. J. Estado Novo: ideologia e propaganda política, p. 101.
[55] GARCIA, V. J. Estado Novo: ideologia e propaganda política, p. 101.
[56] MIRANDA, Orlando. A era do rádio, p. 72.

educativas" todas as semanas, na *Hora do Brasil*. É famosa a frase de abertura de sua fala: "Boa noite, trabalhadores do Brasil!" A retransmissão da *Hora do Brasil* é obrigatória nas casas comerciais que possuem rádios. Nas cidades do interior, alto-falantes reproduzem, em praças e ruas de movimento, o noticiário oficial.[57] Alto-falantes são também utilizados em fábricas e escritórios. A ditadura Vargas preocupa-se com as crianças, "que representam o futuro da nação". Assim, todas as manhãs, irradiam-se programas de uma hora de duração com "temas patrióticos", dirigidos às crianças. O programa é iniciado e finalizado com o Hino Nacional.

Subordinado diretamente ao Presidente da República, o DIP cuida da elaboração da ideologia da ditadura. Suas incumbências são bem claras: sistematizar as informações para os ministérios, organizar a censura a cinemas e teatros, controlar a entrada de publicações estrangeiras no país, coordenar, definir e ordenar tudo que for de interesse "da propaganda nacional".

"Pelo rádio, o indivíduo encontrava a nação de forma idílica: não a nação ela própria, mas a imagem que dela se está formando".[58]

UM MENINO, UM RÁDIO

Os aparelhos de rádio despertam a curiosidade e a fantasia dos ouvintes.

Na Rua Jacuí, no Bairro da Graça, o menino Tarcísio Ferreira está trepado na grade do jardim de sua casa, vendo os meninos que saem do Grupo Escolar Flávio dos Santos se juntar a ele para escutar o som do rádio. A meninada em silêncio, olhando espantada. Tarcísio fica orgulhoso, na sua casa há um rádio.

De família pobre, o menino fica "só por ali, pelo bairro, que pobre não anda muito, principalmente quando criança".[59] A região é deserta: vem raposa pegar galinha no quintal da casa. A área (hoje são as Avenidas Cristiano Machado e Silviano Brandão) forma um brejo imenso, uma mata rasteira, como uma caatinga. Arma-se alçapão na janela do quarto e pega-se pintassilgo, coleira, papa-capim. O pai leva Tarcísio e seus irmãos ao centro da cidade. Um "passeio de muita solenidade", para ver o elevador do Edifício Bleriot, de três andares: "uma gaiola, subindo e descendo, fazendo zoeira para fechar e abrir a porta em sanfona". Em cima do Edifício Bleriot, "um farol girando", que é visto do Bairro da Graça.

Ao lado do Grupo Escolar Flávio dos Santos (hoje, Rua Jacuí com Avenida Cristiano Machado), além do brejo, há uma lagoa, onde os meninos buscam girinos para experiências na escola. Há uma fazenda, que fornece leite para a região, subindo o morro do Bairro da Graça, em direção à Rua Macaé. É a fazenda do "seu" Juca (hoje, os Bairros Cidade Nova e Nova Floresta). "Seu" Juca vai à cidade a cavalo e amarra o animal em pleno centro, na Avenida Afonso Pena com a Praça Sete de Setembro. Estamos no início dos anos 40. Belo Horizonte conta 127 mil habitantes.

---

[57] GARCIA, V. J. Estado Novo: ideologia e propaganda política. p. 102.
[58] GARCIA, V. J. Estado Novo: Ideologia e propaganda. p. 102.
[59] Relatos pessoais do professor Tarcísio Ferreira ao autor.

Tarcísio Ferreira lembra o calçamento da Rua Jacuí para a implantação da linha de bonde. Recorda, também, que, para fazer figurinhas, os irmãos "pegavam uma fotografia de jornal velho sobre uma folha de papel branco, colocavam na linha, e o bonde, ao passar por cima, imprimia a foto no papel". Reproduzir imagens dessa forma constitui uma alegria mágica. O triste é ser proibido andar descalço no bonde, o que restringe muito os pobres. Na casa de Tarcísio, "um irmão calçava um pé de sapato, e ele calçava o outro: ia com um pé calçado e o outro descalço". O pé, "estando machucado", justifica que se possa tomar o bonde.

O menino anda de automóvel pela primeira vez no enterro de sua avó Dondona, antes de 1940: o carro superlotado, "um monte de menino no mesmo carro", e ele, "muito pequenino", sente o "lugar abafado, balançado e apertado".

O rádio entra na sua vida: o pai, para fazer uma reforma na casa, transfere a família para um barracão vizinho. Isso já impressiona muito o menino, pois nunca lhe ocorrera a hipótese de se "mudar de casa, ir de uma casa para outra". Quando a casa fica pronta, o pai arremata, num leilão, um conjunto de objetos: um banco de cozinha pintado de verde, umas tijelinhas de louça para sua irmã brincar, uma boneca de mão quebrada. No meio das coisas todas, o rádio. No princípio, o menino não se impressiona, pois lhe parece um móvel bonito, mas inútil: "não se podia brincar com ele, não se podia nada". É "um rádio grande, com botões na parte inferior. Na parte de cima, destinada ao som, recorta-se em desenhos em relevo". A caixa deve ter uns 50 centímetros de altura. Uma ressonância muito grande. Quando "seu pai ligou aquilo, foi um espanto". Ele já ouvira rádio em outros lugares, mas só o som, não sabia de onde é que vinha aquilo. Quando o pai liga o aparelho, parece uma coisa espantosa: de onde vem essa voz, essa música, essa porção de ruídos? Onde as pessoas guardam os instrumentos na hora que acabam de tocar? O rádio faz ruídos. Para ele, são as pessoas colocando os instrumentos musicais no chão. Mas onde está o chão, dentro dessa caixa? Há todo um mundo dentro da caixa. Ali há gente, há coisas. Como é que se põem ali essas pessoas e coisas? O rádio é "um espelho que produz do lado de cá".

O bonde é um meio de transporte que faz parte das lutas e dos movimentos estudantis. Se há aumento de passagem ou algum outro motivo para protesto, os estudantes de Direito passam sabão na linha, que vem da Praça da Estação e sobe a Rua da Bahia, passando pelo Minas Tênis Clube. O bonde vem subindo, e, quando chega no ponto ensaboado, não passa, e volta desgovernado. Os acidentes de bonde dão assunto para um mês. Onde o rádio busca notícia? Em Belo Horizonte, "não tinha automóvel para fazer acidente; então, se morria gente nos desastres de bonde, o rádio acompanhava tudo".

Segundo Tarcísio Ferreira, "na música popular, o bonde estava presente com 'Seu condutor, dim-dim; seu condutor, dim-dim; pára o bonde pra descer o meu amor'. O bonde era lugar para namorar, para o romance".

Na Praça Sete de Setembro, há dois abrigos de bonde. Nesta época, o garoto vai muito ao centro da cidade. "Às vezes, a gente fica sonhando com coisas que aconteceram, e acaba sonhando como gostaria que acontecessem e junta tudo com a realidade; é uma propriedade da imaginação, sobre a qual já nos falou Guimarães Rosa". O bonde passa pelo abrigo, rodeia a Praça Sete, o *Pirulito*. Em volta da linha de bonde, as árvores. É uma diversão ficar olhando o movimento no horário do almoço. Ali o bonde anda devagarinho. Pegar o bonde e saltar com ele em movimento é uma disputa de gente elegante. "Quem tinha estilo para pular era importante: pular de costas, de frente, com o pé esquerdo, com o direito. Havia alguns que eram mestres nisto. Pulavam mais longe ou mais perto. O bonde era uma espécie de circo ambulante na Praça Sete. Havia em torno dele todo um jogo".

Entre os vendedores ambulantes, um chama mais a atenção. É o que vende requeijão e doce de leite, anunciando os produtos de maneira cantante. Alguns vendem dentro do bonde. O balaio cheio do produto, pegam o bonde, vendem e descem.

Os engraxates são maravilhosos ritmistas. Sambam nas caixas, engraxam fazendo ritmo, utilizando o pano de lustrar e a escova, que batem enquanto brilham os sapatos. São dez ou doze ao todo. Ao entardecer, os pardais cantam. A Praça é o cérebro da cidade. Muitos vão ao centro a cavalo: possuir determinado tipo de animal é sinal de valor. Pessoas são conhecidas pela beleza de seu cavalo – "isto até 1945, 1946", rememora Tarcísio.

Vendo o primeiro rádio chegar em sua casa, freqüentando a fazenda do "seu" Juca, no Bairro da Graça, soltando papagaio, andando de bonde com um sapato só, Tarcísio se deslumbra. Não percebe que a cidade se modifica e que o rádio sofre transformações. Enquanto a cidade cresce, subindo as montanhas, o número de aparelhos de rádio aumenta. As emissões atingem bares, cafés, casas noturnas, levando música, notícias, futebol, novelas.

Encontros na casa da Zezé

Na Praça Sete de Setembro, tradicional centro da cidade, ficam os Cafés Nice e Pérola. O Pérola, na esquina da Rua dos Carijós com a Avenida Afonso Pena, reúne antigos moradores da cidade. Os cafés são meios de circulação de novidades: a bebida estimulante atrai, as pessoas conversam, o lugar recolhe e transmite notícias. Lá se responde à pergunta: o que há de novo? Famosos os *pubs* ingleses dos séculos XVII e XVIII, onde o café estimulava e garantia as notícias faladas: os fregueses, ao redor de uma grande mesa, por um *penny* a xícara de café, recebiam "calor, camaradagem e notícias".[60]

João Ferreira - o Neném - rememora os bons tempos do Café Palhares, na Rua Tupinambás, 638.

NO CAFÉ PALHARES

João Ferreira compra o café em 1944, na mão dos irmãos Palhares. Com voz pausada, busca penetrar nas lacunas do passado:

> Aqui era um ponto parado. Era como a vida da cidade: calma e tranqüila. O abrigo de bonde ficava a duas quadras, na Praça Sete, depois veio para a Praça Rio Branco, também aqui pertinho. O movimento era fraco: fomos fazendo a casa com a venda de ingressos para os jogos no antigo Estádio Independência. Os torcedores faziam apostas e podiam ouvir os jogos pelo rádio, através do alto-falante dependurado na árvore, na porta do café. As pessoas iam-se aglomerando na rua. Está formada a grande torcida. Uma noite, o jornalista e compositor Rômulo Paes, freqüentador do Palhares, deu nome ao prato predileto da boemia noturna: Kaol - cachaça, arroz, ovo e lingüiça; cachaça com k, para ficar diferente.

---

[60] STEPHENS, Mitchell. História das comunicações. pp. 98-100.

Neném cumprimenta um freguês que acaba de chegar e continua:

> Hoje não tem nada mais daquela boemia. Babaró, apelido do locutor esportivo da Guarani (Álvaro Celso Trindade), e Rômulo Paes ficavam no café madrugada adentro e depois iam, ao nascer do dia, para debaixo dos ficus da Avenida Afonso Pena ouvir os pardais cantarem. Era uma beleza o canto. A turma do Montanhês - casa de dança da zona boêmia, na Rua Guaicurus - também passava por aqui de madrugada, depois do serviço. O pessoal do cassino da Pampulha vinha também. E alguns freqüentadores do Iate, clube de gente boa da cidade, também vinham. Deixavam a namorada ou esposa no carro estacionado aqui perto, compravam sanduíches ou mesmo o kaol e levavam para elas. Mantínhamos um telefone para obter informações dos resultados dos jogos e passar aos que telefonavam. Isto durante as 24 horas, nos dias e noites dos jogos importantes. O café mantinha um placar com os nomes de todos os times que jogavam em Belo Horizonte, no Rio e em São Paulo. Artistas – entre eles, Ângela Maria e Orlando Silva –, depois de cantar no auditório da Rádio Guarani, que ficava aqui perto, na Rua São Paulo, passavam pelo café para tomar uma cerveja e comer alguma coisa, de madrugada.[61]

O trio Anjos do Inferno, as cantoras Linda e Dircinha Batista, Isaurinha Garcia, o paulista Adoniran Barbosa, Dalva de Oliveira, Herivelto Martins, Clara Nunes, diversos artistas passam pelo Café Palhares.

1944. Será feita a última chamada dos convocados para a guerra. O rádio está ligado na *Hora do Brasil*. Faz-se um grande silêncio no café. Todos ouvem os nomes dos pracinhas convocados. Subitamente, um soluço e um choro desesperado: um homem "limpa as lágrimas" e sai: é o pai de um dos convocados. Grande silêncio. "Engoli em seco e senti que meus fregueses eram, mais do que nunca, naquela noite, meus irmãos; os olhos dos presentes deixam o rádio e se abaixam para o balcão. Nossos irmãos partiriam para a louca aventura da guerra".

Neném arremata:

> Cortaram os ficus da Avenida Afonso Pena, tiraram os bondes, fecharam o Montanhês Danças, a Casa do Baile e o Cassino da Pampulha. Depenaram a cidade. Acabou-se a vida noturna. Aqueles tempos de fim de noite, das casas de elite não existem mais, quando os boêmios se reuniam no Café Palhares para longas e ruidosas conversas no balcão de chope.

---

[61] Relatos pessoais de João Ferreira ao autor.

A ERA DOS *RENDEZ-VOUS* E DOS GOGÓS DE OURO

Na boemia dos anos 40, 50 e início de 60, duas mulheres dominam o comércio do erotismo e do prazer. Não há motéis nem televisão. Nas casas da Zezé e da Margarida, o rádio fica sempre ligado, e alguns personagens que atuam no *broadcasting* são famosos e respeitados. O rádio exerce forte atração sobre as mulheres da noite.[62]

Nos anos 50, a capital mineira tem cerca de 350 mil habitantes. Belo Horizonte tem cara de província e cheiro de moça nova. A sociedade e a imprensa chamam de "casas de tolerância" aquelas que fazem parte da vida boêmia. São famosos os *rendez-vous* da Ruth, da Marieta, da Margarida, da Naná e da Zezé. Afirmam que Ruth despertava grandes paixões. Que a casa de Marieta surgiu de uma dissidência, quando ela era empregada de Margarida.

Apenas uma casa é conhecida pelo nome de um homem: a casa do Luciano. Proprietário do Hotel Financial, de um banco, senhor de terras e lotes, Luciano, segundo o jornalista Ciro Siqueira, "nada tinha a ver com o negócio". Na Rua Manuel Macedo, no Bairro da Lagoinha, a "casa do Luciano" é dirigida por sua proprietária, Nena.

Nessas casas, o regime é de internato, e a disciplina é constantemente exigida das "meninas", como são chamadas por Zezé. "Mulheres de vida livre", elas buscam criar espaços de sedução e amor, na luta pela sobrevivência.

Segundo os cronistas da época, há um cenário preliminar no jogo das "mariposas da noite". Os rapazes chegam, assentam-se em uma sala. Os encontros acontecem à noite, durante a semana, após as 22 horas.[63]

Com músicas "provocantes e sentimentais", o rádio e a eletrola envolvem os "rapazes bem comportados", que já haviam deixado em casa as "moças de família", com quem namoravam "sério, para casar". A sociedade belo-horizontina absorve, sem grandes conflitos, a existência dos *rendez-vous*, válvulas de escape da moralidade institucionalizada.

Na casa da Zezé, situada fora da zona boêmia, na Avenida Francisco Sales, 432, famosa por sua elegância e requinte, que a proprietária faz questão de manter, todo um ritual adorna o cenário da enunciação do prazer mercantilizado. Dois salões grandes, muitas cadeiras, onde as "meninas", discretas e elegantes, se oferecem sutilmente, com atitudes e gestos refinados, num padrão de comportamento polido, como exige a dona da casa. O jogo da sedução continua em quartos semi-iluminados, ao som de programas radiofônicos e eletrolas, com seus "boleros, tangos e rumbas sentimentais e provocantes".

Rendez-vous é "assunto só de homens", bem como o Cabaré Montanhês Danças, onde encontros dionisíacos proclamam as uniões fortuitas e sedentas. As "moças de família" não têm acesso a esses mistérios "embriagadores das noites". A cidade se ordena e distribui seus espaços normatizadores, reservando limites para o que é proibido e para o que é permitido. Assim, o *rendez-vous*, o cabaré explicitam-se, quase sempre, à margem da "sociedade oficial".

---

[62] Estado de Minas. Belo Horizonte, 17 de fevereiro de 1990, p. 2.
[63] Estado de Minas. Belo Horizonte, 17 de fevereiro de 1990, p. 2.

No Montanhês, corpos torturados por "pautas de comportamento moral e religioso" encontram seu momento de experiência inebriante. Cautelosos, os moços ganham a Rua Guaicurus; sobem uma escada estreita, passam por um porteiro, que lhes entrega cartões: serão perfurados, no salão, pela parceira de dança. Quando a "dama escolhida" simpatiza com o seu par, é ultrapassado o tempo estabelecido pela direção para a cartela ser perfurada... Na saída, o cartão é entregue ao porteiro para o acerto: paga-se por tudo. O Montanhês é, também, uma escola de dança; sua orquestra marcou presença na cidade. Entretanto, nos lares, esse assunto é "só para homens". Tal comportamento revela uma dupla escala de valores, inconciliáveis. De um lado, rígidos códigos impostos à mulher. De outro, critérios adotados pelo imperativo do desejo masculino. Quem sabe fosse melhor "reeditar várias Espartas modernas"?[64]

Na noite amena, o rádio desperta e aprofunda as emoções – ora são os programas de rádio-baile, ora os poemas lidos pela "voz aveludada dos gogós de ouro". O lustro do óleo de peroba brilha no fundo da noite.

UMA CIDADE PARA SE AMAR

Jornais, livros, pessoas. Fragmentos tarjados de subjetividade, estampas rotas da memória encolhida pelo tempo. Ouvintes de rádio não se fixam no roteiro das transmissões diárias, ligam e desligam o aparelho, em imprevisíveis momentos de lazer, fuga, tédio, desejo de se informar. O cotidiano de cada um é um tempo presente que já se prepara para mudar. Sennett assinala que "alguém pode narrar qualquer coisa sobre sua vida, desde que esse relato elimine ou reduza o sentimento de que sua vida é intolerável".[65]

> Nos salões da minha casa, não havia música. Nem bebida. O rádio ficava nos quartos das meninas, junto com as radiolas e vitrolas. Música e notícia a gente ouvia através dos rádios. Entre 1940 e 1950, não havia televisão. Muitos artistas e locutores freqüentavam a casa. Amanheciam o dia. Eram pessoas muito agradáveis, não perturbavam ninguém e eram famosos. Discutiam o amor, a vida, a política. Falavam bonito, eram bem vestidos e educados. Levavam as meninas para restaurantes e boates. A cidade era tranqüila; a Avenida Afonso Pena, cheia de árvores; o clima, puro e saudável. Era o tempo de bares e restaurantes famosos: o Rei dos Sanduíches, na Afonso Pena, quase esquina com São Paulo; a Gruta do Alvim, na Espírito Santo, em cima do Edifício Guanabara; o Pingüim, na Espírito Santo; o Picadilly, ao lado do Pingüim; o Bico de Lacre, na Rua Carijós; o Pólo Norte, na Afonso Pena, e a Churrascaria Camponesa, na Rua Goitacases.[66]

---

[64] MONZANI, Luiz Roberto. Desejo e prazer na Idade Moderna, p. 33.
[65] SENNET, Richard. Narcisimo y cultura moderna, p. 29.
[66] Entrevista de Zezé ao autor.

Zezé me recebe em sua casa, no Bairro da Pampulha. Eu tentava marcar um encontro, mas ela sempre adiava, alegando problemas de saúde e afazeres. Pedia que eu telefonasse depois. Numa segunda-feira, telefonei, e ela marcou para as 15 horas.

Toco a campainha: primeiro aparece uma criança de, aproximadamente, 8 anos; logo depois, Zezé surge no pátio gradeado que antecede a casa.

- Estou muito grato, porque a senhora está-me recebendo.
- Muito obrigada e muito prazer em conhecê-lo, professor. Mas o senhor chegou atrasado.

Consulto o relógio e constato um atraso de 15 minutos.

- Desculpe-me. Fui apanhar um filme e arranjar o gravador. O trânsito está ruim.
- Não tem importância. Vamos entrar. Vou passar pela cozinha e abrirei a porta da sala. Espere aqui, por favor.

Zezé entra na casa pela porta lateral, abre a porta da sala e me convida a entrar. É uma casa discretamente mobiliada. Pede licença para abrir a janela, diz que "o dia está quente, mas bonito".

Nós nos assentamos no sofá grande. Explico:

- Desejo fazer uma entrevista com a senhora para o capítulo de um livro sobre a história do rádio e da cidade. Gostaria que me contasse sobre o rádio, que exerceu tanta influência e fascínio no seu tempo, na casa de sua propriedade.
- Vendi aquela casa. Agora construíram lá um edifício. Mas eu gostava muito de lá. Tinha com quem conversar. E lá era muito selecionado, não ia entrando qualquer um. Quando Juscelino foi eleito Governador, deu uma festa lá. Fechou a casa e comemoraram. Veja que era um lugar bem freqüentado. Agora, eu moro aqui, com mais duas pessoas.
- Esta casa é muito bonita e muito confortável.
- Ah, meu filho, tenho outra, que está alugada. Mas o que me preocupa é a solidão.
- A senhora sente solidão?
- Muita. Agora estou numa fase boa, ótima, mas, há pouco tempo, fiquei no poço, no fundo. Tratei com médicos e com uma pessoa que me deu muita força. Não é que eu seja espírita de vela e macumba, não, a pessoa pediu-me que continuasse tomando os remédios, juntamente com o tratamento espiritual que ela me fez, e agora estou muito boa.
- Posso fazer uma fotografia da senhora?
- Foto, não. Para quê?
- Para ilustrar o trabalho.
- Não. Agora estou com pressa. Meu filho, que casou recentemente, está aqui, com a mulher. Eu vou à casa deles ajudar a arranjar as coisas. Há muita coisa para arranjar.
- Quantos filhos a senhora tem?
- Cinco filhos.
- E irmãos?
- São oito. A vida é difícil. Diversas vezes, acolhi meninas que depois se deram

bem na vida, estão casadas e felizes. Havia muito preconceito, meu filho. Hoje muita gente tem motel. É proprietário. Ganha dinheiro. E ninguém fala. Não é interessante?
- Sim...
- O senhor sabe que nunca dei entrevista? Há um jornalista amigo que vive insistindo comigo. Não dou mesmo. É uma coisa difícil, o senhor entende? Não sei por que estou recebendo o senhor. O senhor é de sorte, ou eu estava muito inspirada quando marquei a entrevista.
- Fico feliz com isto, D. Zezé, mas não lhe quero trazer problemas. A senhora viveu sua história nesta cidade, conviveu com pessoas e situações. Se quiser me contar suas vivências, fico-lhe muito agradecido.
- Muito bem. Vamos ter que conversar outro dia, pois já estão me chamando.
- A senhora pode marcar o dia e a hora.
- Quinta-feira, às 15 horas.
- Está bem.

Zezé me leva até a porta e se despede, tranqüilizando-me: o encontro de quinta-feira é "pra valer".

Quinta-feira, 15 horas. Recebe-me uma moça morena, bonita; é Waleska, filha adotiva de Zezé:
- Boa tarde. O senhor tinha encontro com minha mãe?
- Exatamente.
- Ela me mandou dizer que houve um problema e não pode atendê-lo hoje. Pede-lhe que telefone amanhã, de manhã.
- Está bem. Você sabe o que pretendo?
- Sei, sim. Ela está preocupada, pois quer preservar nomes de pessoas.
- Escreverei sem os nomes.
- Assim é possível que dê certo. Telefone amanhã cedo.

No outro dia, por telefone, Zezé marca o encontro. Segunda-feira, às 15 horas. Recebe-me na mesma sala. Está bem disposta, o olhar é penetrante; o rosto, tranqüilo. É bonita.

A conversa se inicia com o compromisso de não serem publicados nomes, só o seu apelido e a expressão "casa da Zezé".

A viagem no tempo começa. Os ponteiros parecem marcar uma hora de um dia qualquer. Anos 40, 50, início de 60. A viagem é descontínua, fragmentada, como a própria memória da vida...

1945, 8 de maio. A Rádio Mineira anuncia o fim da guerra. Uma das "meninas" pede silêncio para ouvir os detalhes na voz emocionada do locutor. Zezé percorre o salão, ao ouvir a notícia. As pessoas se abraçam, aplaudem, dão vivas ao Brasil. Um senhor sóbrio, de terno e gravata, emocionado, dispara: "Viva o *rendez-vous* da Zezé!"

O rádio toca a *Canção do Expedicionário*: "Você sabe de onde eu venho?/Venho do morro, do engenho/Das selvas, dos cafezais/Da boa terra do coco/Da choupana onde um é pouco/Dois é bom, três é demais..."

A emoção percorre a casa. A "menina" Lourdes se afasta, vai à janela e chora. Chora muitas mágoas, embalada na comoção do momento. Zezé se aproxima e lhe pede que vá para o quarto.

Zezé nasceu em Teresópolis, em 1919. Seu pai era comerciante. Ela se casou muito cedo, viveu com o marido durante quatro anos, desentendeu-se com ele e lutou na justiça para ficar com as filhas, que ficaram sob a tutela de seu pai.

Zezé é costureira. Tem, na Belo Horizonte dos anos 40, uma grande freguesia. Um dia, fica conhecendo uma mulher que mora na Praça Raul Soares, dona de uma casa de encontros. Convidada por ela, Zezé fica lá durante dois meses, trabalhando; não gosta da experiência; entretanto, observa como sua amiga age ao dirigir a casa. Recebe dela um conselho: "Olha, Zezé, você não se adapta em conviver com um e com outro; então, monte uma casinha para você".

Em 18 de fevereiro de 1942, Zezé inaugura sua casa na Avenida Francisco Sales, 239, no Bairro da Floresta. O mundo está em guerra. A todo o momento, edições extraordinárias chamam a atenção para o rádio: a escalada do eixo (Alemanha, Itália, Japão), a resistência e a contra-ofensiva dos países aliados... Há também momentos de devaneio e sonho. Vamo-nos aproximar do quarto 19. O rádio está ligado. Sílvio Caldas está cantando *Pra que Mentir*, samba de Noel Rosa e Vadico. A casa está cheia de clientes. Alguns estão ali pela primeira vez, outros são freqüentadores assíduos. O samba é uma explosão de ciúmes de Noel: "Tu sabes que eu te quero/Apesar de ser traído/Pelo teu ódio sincero/Ou por teu amor fingido..."

Zezé tem 23 anos, aprendeu com a amiga da Praça Raul Soares as artimanhas do "negócio". Segue o regime da casa dela. É um sucesso. Moça e bonita, ela também encanta os freqüentadores da casa. Provoca desejo e ciúme. Possui a magia de seduzir com um corpo que denega "a escolha de qualquer um".

1942, 17 de outubro. O locutor da Rádio Guarani anuncia os ataques dos alemães contra Londres, fala da resistência de Churchill. Depois do noticiário, um programa de música popular brasileira – Aracy de Almeida canta *Silêncio de um Minuto*, samba de Noel Rosa: "Não te vejo, não te escuto/O meu samba está de luto..."

Zezé está sempre presente na direção da casa. Por outro lado, tem muita preocupação com a família. Alguns anos mais tarde, irá comprar uma casa para o pai, educará os irmãos, os filhos e as filhas. A imaginação de Zezé passeia pelos arcanos da memória. Os olhos brilham quando relata:

> Vivi com uma pessoa durante 18 anos, logo que fundei a casa. Depois, separei-me dele. Não quis mais viver com ninguém. Estou vivendo sozinha. Não tive mais romance em minha vida. Criei meus filhos, casei todos eles. Tenho 15 netos e 8 bisnetos. Fui muito feliz na infância. Quando meus avós eram vivos, nós nos reuníamos todos aos domingos, na casa em Teresópolis. Meus avós tinham 12 filhos. A reunião fazia todos se encontrarem: pais, mães, tios, tias, primos, primas. Fui também feliz na juventude. Fugi com 14 anos, para casar. Fugir com ele, escondido de meus pais foi, naquela época, a melhor coisa do mundo. Hoje eu sei que foi a pior coisa que fiz (...) De 8 irmãos, 4 já morreram. Perdi meu pai há 40 anos, minha mãe há 15 e meu filho, um médico, há 14 anos, de acidente de carro. Essas mortes me jogaram no fundo da dor.

Reminiscências iluminam suas emoções:

> Minha casa era bem freqüentada, muito comentada, por homens e mulheres. Levei uma vida muito boa, graças a Deus. Não tive maiores dificuldades. Nunca fui mulher de farra nem de beber. Dei para minha família tudo aquilo que desejei. Para meu pai, tudo o que merecia, para minha mãe também, meus irmãos tiveram seus anéis de grau.

1949: primeiros dias de abril. Após a *Hora do Brasil,* o rádio anuncia novo programa: *Um Encontro com Noel Rosa.* Aracy de Almeida canta: "Mora na filosofia/Pra que rimar amor e dor..." O som, que vem de um dos quartos, toma conta do salão, mas não perturba. Começam a chegar os clientes noturnos. A Avenida Francisco Sales está calma. Zezé sempre recomenda aos fregueses que não façam ruído com os carros à sua porta, pois ela se comprometera a não incomodar os vizinhos. A noite promete... Semblante tranqüilo, Zezé entrelaça as mãos ao dizer:

> Sofri muito quando perdi um filho, meu pai e minha mãe. Foi o maior sofrimento que tive. Não tive outros grandes sofrimentos. Mas, para agüentar a vida e aceitar resignada as mágoas, eu sempre procurei-me consolar, ajudando os pobres. Fui boa para eles. Quando chegava o Natal, eu tinha juntado roupas e tecidos, que ganhava dos sírios da Rua Caetés, meus amigos. Punha duas costureiras para fazer roupas, ia para as favelas e distribuía. Levava também arroz, feijão e outros alimentos. Os moradores já me esperavam. Começava a distribuição dia 20 e terminava dia 22. Subia as favelas com minhas empregadas. Eu tinha 17 empregadas. Destacava 5 ou 6 para a tarefa de doação, junto comigo. Fiz isto durante 47 anos.

As quatro rádios – Inconfidência, Guarani, Mineira e Itatiaia – disputam a audiência em cada apartamento da casa de Zezé, onde, sob regime de internato, residem, em média, 30 "meninas", sempre atualizadas com os sucessos da música popular brasileira. Bonitas, escolhidas com "bom gosto", Zezé diz que "elas ganhavam um bom dinheiro e muitas se saíram bem, casaram, hoje são boas e felizes donas de casa".

É pelo rádio que, nos anos 40, o cantor Francisco Alves embala o ambiente com repertório atualizado: de Lamartine Babo, ele canta: "Eu sonhei que tu estavas tão linda...". Algumas interpretações deliciam as noites: "Adeus, adeus, adeus/cinco letras que choram...", de Silvino Neto; "Não, eu não posso lembrar que te amei/ Não, eu preciso esquecer que sofri...", de Herivelto Martins; "Você sabe o que é ter um amor,/Meu senhor,/Ter loucura por uma mulher?/E depois encontrar este amor,/Meu senhor,/Nos braços de um outro qualquer...", de Lupicínio Rodrigues.

As "meninas" devem trabalhar das 14 horas às 2 da manhã. A casa abre, e a freguesia começa a aparecer. Domingo é dia de folga. As "meninas" têm, no mínimo, 18 anos. Uma hóspede de 63 anos faz sucesso: é "uma mulher bonita e fascinante". Os freqüentadores têm entre 18 e 80 anos. Um senhor de 84 anos freqüenta a casa "com toda a dignidade". Quando chega, manda o motorista chamar Zezé para ajudá-lo "a subir a escadaria". Zezé prefere homens amadurecidos, embora receba jovens também.

Uma empregada de confiança fiscaliza os salões, "dando conta de tudo". Zezé administra, dirige. Quando se estabelece alguma disputa entre as "meninas", Zezé resolve por meio do diálogo, mas "com energia".

São também famosas as casas de Nena, de Margarida e de Ruth, e Zezé mantém um bom relacionamento com "as colegas".

Anísio Silva, cantor popular, sensibiliza a todos na casa da Avenida Francisco Sales: "Quando eu te conheci/Do amor desiludida/Fiz tudo e consegui/Dar vida à tua vida (...) Boneca cobiçada/Das noites de sereno,/Teu corpo não tem dono..." Seu canto vaga pelas frestas das portas dos quartos em penumbra. A noite vai alta, e a cidade há muito silenciou. Da estação da Central, vem um apito longo e melancólico, do trem que chega de Montes Claros.

Para Zezé, toda "menina" precisa ter alguém com quem desabafar. Cada uma tem seu companheiro. Quando "não serve", Zezé chama a moça: "Esta pessoa não serve para você, não é boa. Se está gostando dela, procure-se afastar. Faça uma viagem. Esqueça. Do contrário, vai-lhe trazer problemas". A garota obedece e viaja; quando volta, a pessoa já está descartada. Se insiste no romance, Zezé chama o homem e interpela: "Qual futuro você tem para dar à menina? Ela precisa ganhar dinheiro para sustentar a família. A família precisa dela". O amante, às vezes, parte com mágoa no coração.

Zezé reconhece, entretanto, que as paixões têm força. Lurdinha, por exemplo, provocou "muito amor e muita confusão". A interferência de Zezé nos romances a "transformava em personagem da história". Era uma "situação difícil", mas não gostava que "suas meninas fracassassem na vida". Ela queria que "os namorados tivessem futuro". Quando a garota se apaixonava por alguém que "não servia" e persistia nesse amor, Zezé a dispensava. Não queria vê-la "fracassada em sua casa". Quando deixasse o homem, poderia voltar; com ele, não. Segundo Zezé, o homem precisa "ter moral e boa situação financeira". O gigolô constituía uma constante preocupação: "eles prejudicavam as meninas". Zezé conta que todas "saíram bem de vida de sua casa, com dinheiro, carro e apartamento". Muitas se tornaram "ótimas esposas e mães de família". Outras retornaram "às suas casas de origem".

As donas de "casas de tolerância" exploravam as garotas? Não é verdade, diz Zezé: "quem explorava eram certos homens, o gigolô, por exemplo, aquele que tira tudo que a mulher ganha; o cáften, aquele que arranja homem para a mulher". Essas duas categorias de homem não freqüentavam sua casa, não tinham "coragem de ir", destaca com orgulho. Seus leões-de-chácara eram temidos. Mas, estes mesmos leões-de-chácara não fizeram um gesto de impedimento, quando um grupo de moças entrou casa a dentro, solicitando proteção contra a polícia. O fato aconteceu em 1968.

Nesse ano, durante meses, até a edição do Ato Institucional n.º 5, em dezembro, que provocou um enrijecimento do regime político-militar, ruas e praças das principais metrópoles brasileiras foram tomadas pelos estudantes. Em comícios ou passeatas eles exigiam a restauração do estado de direito no país. O motivo precipitador da indignação estudantil foi a morte do estudante secundarista Edson Luiz, num confronto com a polícia, durante reivindicação por menores preços das refeições, no restaurante Calabouço, na cidade do Rio de Janeiro.

Em Belo Horizonte, segundo relatos de estudantes universitárias, uma daquelas passeatas, no fim do dia, descia pela av. Afonso Pena, passando em frente a Igreja São José. A repressão policial tenta dissolvê-la em meio a pancadaria, gritos, correria, prisões. No clima de "salve-se quem puder", à exceção da liderança protegida por estudantes que faziam a segurança, um braço da passeata procura refugiar-se no bairro da Floresta, correndo pelo viaduto Santa Tereza, sempre perseguido pela polícia. Sobe a Av. Tocantins, alcança a Av. Francisco Sales, nas proximidades do *rendez-vous* da Zezé. Muitos estudantes são presos, enquanto algumas universitárias dispersam-se do grupo e entram na casa, pedindo ajuda a Zezé. Ela as encaminha para um dos quartos vazios dos fundos e desce para tentar deter os policiais: "por favor, aqui estão somente minhas meninas. É noite, o expediente já começou... houve engano, ninguém entrou nesse lugar." A polícia retira-se com os estudantes que conseguira prender, e a tranqüilidade volta à rua.

Após um bom tempo, Zezé conduz as estudantes até a porta de saída. Ao se despedirem, com carinho toca nos ombros das moças, observa-as de alto a baixo, dizendo: "que pena... tão novas, tão bonitas... podiam ficar comigo e não nas ruas fugindo da polícia..."

Quanto ao sentido de transgressão social e moral que a profissão evoca, Zezé entreabre outra janela em sua maneira de perceber a vida:

> Eu acredito que, quando Deus fez o mundo, pôs de tudo nele. Pôs pessoas de muitos estilos, pôs o pobre, o rico, os marginalizados, os que sofrem muito e os que sofrem menos. Se isto fosse tão proibido, ele não teria posto no mundo. Acho que cada um aqui vive a sua vida como pode, vem cumprir sua missão. Acho que Deus não interfere nisto. Ele interfere, sim, para o bem. Deus está dentro de nós, somos nós. Ele é um só para todos. Estando junto com a gente, não tem problema nenhum. E nem importa o que os outros pensem ou falem.

A fala da Zezé nos remete aos primórdios da civilização, quando a prostituta tinha, nos templos, um lugar de reverência. Nenhum estigma marcava a profissão entre os sumérios e os babilônios. "Na época de Hamurábi (cerca de 1750 a.C.), os templos eram povoados por sacerdotisas, servos, artesãos e um número de sacerdotisas altamente respeitáveis (...), assim como pelas prostitutas sagradas, que atuavam como agradáveis intermediárias entre o adorador e a deidade".[67]

Deixo a residência de Zezé recordando suas evocações sobre a cidade:

> Belo Horizonte era uma cidade pequena. Parecia uma comunidade: todo o mundo se conhecia e se entendia. Para fazer uma compra, era só pedir por telefone, a compra vinha, de boa qualidade. Hoje, não. É preciso sair para comprar. Belo Hori-

---
[67] TANNAHILL. O sexo na história, pp. 84-85.

zonte era uma cidade linda. Os cinemas muito bons, muita árvore na Avenida Afonso Pena. Lindo o arvoredo. Os carros grandes, importados, o silêncio das ruas, o ar bom para respirar. Os bondes, os homens de terno e gravata, chapéu e guarda-chuva. Belo Horizonte era uma cidade para ser amada. Era uma cidade para se amar.

A casa de Zezé vai ser fechada. Ela avisa que não quer despedida. Sai de manhã. Quando volta, todos já haviam partido. Fica "desatinada, tocada por sentimento de perda irreparável". Chora, enquanto percorre quarto por quarto. Sente-se "no fundo do fundo". Quem poderia compreender os sentimentos, os segredos e os mistérios que habitam seu coração? Encerrou-se a vida que ela amava por meio das "meninas", dos clientes, da casa, da cidade. E a cidade "não conta o seu passado, ela o contém como as linhas da mão, escrito nos ângulos das ruas, nas grades das janelas, no corrimão das escadas, nas antenas dos pára-raios, nos mastros das bandeiras, cada segmento riscado por arranhões, serradelas, entalhes, esfoladuras".[68]

Na tarde fresca e tranqüila, Maria Bethânia canta, pela Guarani FM: "Já conheço os passos dessa estrada..."

Os olhos brilhantes de Zezé riscam, de ponta a ponta, a Lagoa da Pampulha.

---

[68] CALVINO, Ítalo. As cidades invisíveis, pp. 14-15.

II
FUNDAÇÕES

O narrador conta o que ele extrai da experiência – sua própria ou aquela contada por outros. E, de volta, ele a torna experiência daqueles que ouvem a sua história.

W. Benjamim

Rádio Mineira: clandestina na revolução de 30

Acontecimentos singulares fecundam a década de 20. A quebra da bolsa de valores de New York, a ameaça do fascismo na Europa e a vitória da Revolução Russa indicam novos rumos para a humanidade. As artes florescem: o cinema de Lang, Eisenstein e Chaplin, a arquitetura de Bauhaus, a aventura surrealista. Os anos 20 trazem mudanças profundas e avanços tecnológicos.

Em junho de 1920, na Inglaterra, ocorre a primeira transmissão de rádio do mundo. Em 1927, Charles Lindemberg faz o primeiro vôo sobre o Oceano Atlântico. No ano seguinte, Alexander Fleming descobre a penicilina. Em 1921, na Rússia, Lênin implanta a Nova Política Econômica. Nos Estados Unidos, consolida-se o *american way of life*; entre 1920 e 1930, o número de automóveis em circulação passa de 8 milhões para 23 milhões; a renda *per capita* aumenta em 200 dólares; sobrevém a era do *jazz*, época de euforia; a Lei Seca (implantada em 1920 e abolida em 1933) dá origem a uma rede clandestina de contrabando e venda de bebidas, controlada por chefes ligados à máfia – entre eles, o célebre napolitano Al Capone.

Pelo mundo, fundam-se partidos comunistas, tendo como origem a União das Repúblicas Socialistas Soviéticas – URSS. A experiência do socialismo provoca medo na Europa, o que facilita a ascensão da direita e de seus ditadores: Mussolini, na Itália, em 1922; Salazar, em Portugal, em 1923. O governo "democrático" americano prende, entre 1919 e 1920, 2.700 "radicais", caçados como marginais. Nesse clima de "pavor vermelho", os anarquistas Sacco e Vanzetti são acusados de assassinato; embora sem provas, eles são presos em 1920, condenados no ano seguinte e executados na cadeira elétrica, em 1927. Uma campanha internacional pela comutação da pena não surte efeito.

No Brasil, a Lei de Repressão ao Anarquismo, aprovada em 1921, permite a deportação em massa de militantes operários. Em São Paulo, acontece, em 1922, a convulsiva Semana de Arte Moderna. A República Velha também vivencia os seus anos críticos.[69] Em um contexto de crise nacional, é fundada a primeira emissora de rádio de Belo Horizonte. Fruto do clima de contradição, hesitação e efervescência

---

[69] Festas e revoluções agitaram os anos 20. FOLHA DE SÃO PAULO. 8 de janeiro de 1922, caderno 6, p. 2.

política que reinava durante a articulação da Revolução de 1930, a Rádio Mineira é uma das vozes do movimento e confere a Minas Gerais papel relevante na história política do país.

Na época, havia poucos veículos de comunicação de massa no Brasil: jornais impressos, revistas e rádio. Espalha-se pelo país uma febre de radiotelegrafia. Pessoas se reúnem em radioclubes; embora nada tenham de radiofônicos, eles viriam a contribuir para a constituição de emissoras. Em 30 de dezembro de 1922, ocorre a primeira experiência de radiotelefonia entre Belo Horizonte e a estação da Praia Vermelha, no Rio de Janeiro. Na capital mineira, o posto de escuta localiza-se na Secretaria de Finanças; a antena, na Praça da Liberdade.[70] Em 1923, é oficialmente criada a Rádio Sociedade do Rio de Janeiro; o equipamento foi importado.

Embora incipiente, o rádio tem grande alcance e penetração. É, por excelência, o veículo de informação e, sobretudo, de formação de opinião pública. Em Minas Gerais, é fundada a Associação Rádio Mineira, que, precariamente, usando a estação de prefixo SPH, da Repartição Geral dos Telégrafos, faz sua primeira transmissão em 16 de dezembro de 1925.[71] O pequeno estúdio localiza-se na parte baixa do prédio do Conselho Deliberativo de Belo Horizonte. A segunda experiência de transmissão só irá acontecer no ano seguinte. De fato, o *Minas Gerais* de 26 de fevereiro de 1926 publica a seguinte notícia:

> SPH - Estação de rádio local, irradiará, hoje, às 19 horas e meia, com onda de 275 metros, o seguinte programa: Atos do Governo do Estado, notícias diversas de Minas, de outros Estados e da Capital da República; bolsa do café, do açúcar, do algodão e informações cambiais fornecidas pela junta de corretores do Rio de Janeiro.[72]

A 17 de abril de 1926, é transmitido o primeiro programa, com acompanhamento de orquestra e piano e apresentação de cantores, na seguinte seqüência:

"1) Orquestra da Rádio Sociedade do Rio de Janeiro.

2) Patápio Silva – Sonho – flauta pelo senhor Gerson Dias, acompanhado pela professora Alice Alves da Silva.

3) César Gui – Oriental – violino pelo professor Flausino Valle, acompanhado ao piano pela professora, dona Alice Alves da Silva.

4) Delaissés – canto pela professora Gina de Araújo – acompanhada por dona Alice Alves da Silva.

5) Dança Húngara – violino e piano, pelos professores Flausino Valle e Alice Alves da Silva.

6) Orquestra da Rádio Sociedade do Rio de Janeiro."

Não há registro sobre irradiações nos dois anos seguintes. Em 1929, as transmissões tornam a ocorrer. É importante pontuar que prevalece, na época, um pacto

---

[70] FONSECA, Geraldo. *Jornal de Casa*, p. 6.
[71] FONSECA, Geraldo. *Jornal de Casa*, p. 6.
[72] MINAS GERAIS, 26 fev. 1926, p. 8.

conhecido como política do café-com-leite, o qual garante, quase sempre, um revezamento entre paulistas e mineiros na Presidência da República. Em 1924, o paulista Washington Luiz assumira o cargo; no último quadriênio dos anos 20, seria a vez dos mineiros, e Antônio Carlos Ribeiro de Andrada, Presidente do Estado de Minas Gerais, aspirava à Presidência da República. Entretanto, o Estado de São Paulo, ostensivamente, apresenta o candidato Júlio Prestes como sucessor de Washington Luiz. Esse foi um dos aspectos formais que ajudou a ruptura do pacto, servindo para justificar a rebelião em Minas. Como, na Primeira República, rebelião das elites resolvia-se por meio de conciliação, supunha-se que São Paulo chamaria Minas para negociar. Entretanto, isso não acontece: é mantida a candidatura do paulista Júlio Prestes. A oligarquia liderada em Minas pelo Presidente Antônio Carlos toma posição, ajudando a fundar a Aliança Liberal – AL.[73] É nesse clima que o governo quer fundar uma emissora oficial, que seja porta-voz dos anseios de Minas.

UMA CONSPIRAÇÃO

Em Belo Horizonte, o chefe das oficinas da Imprensa Oficial, Lindolpho Espeschit, amigo e correligionário de Antônio Carlos, recebe dele a incumbência de realizar missões em caráter sigiloso. Além de Espeschit, participam do grupo Josaphá Florêncio, chefe do Serviço Radiotelegráfico de Minas Gerais, e Henrique Silva, chefe do Serviço Radiotelegráfico do Rio de Janeiro. Eles deverão tomar as providências para facilitar os contatos políticos entre as facções que integram a Aliança Liberal, organizar clandestinamente a mobilização e a propaganda do movimento e instalar uma rádio:[74] será a primeira emissora fundada em Minas Gerais. Há apenas uma emissora oficial em funcionamento no país, que é a Rádio Nacional do Rio de Janeiro, de propriedade do governo federal. Mas Antônio Carlos quer uma rádio em Minas.

Em agosto de 1929, Guilherme Manes, almoxarife da Rádio Nacional, convencido por Henrique Silva, comunica a existência de material desativado da emissora federal. Sugere aos mineiros a instalação de um canal de rádio: as transmissões, clandestinas, seriam feitas justamente na freqüência de programas da Rádio Nacional. Manes envia a Espeschit um aparelho transmissor de ondas curtas. E é assim que nasce a Rádio Mineira, cuja história será marcada por instigantes itinerários à sombra da clandestinidade.[75]

O clima é de incerteza e efervescência política. Antônio Carlos Ribeiro de Andrada recebe, no Palácio da Liberdade, Lindolpho Espeschit; com ele está Josaphá Florêncio, que solicita ao Presidente verba para a instalação da emissora. Antônio Carlos, que, há muito, deseja a fundação de uma rádio em Minas, aquiesce: "Desde

---

[73] BAGGIO. *Estado de Minas*, 4 out. 1990, 2º cad., p. 2.
[74] Essas informações e as que se seguem foram extraídas de relatos pessoais de Lindolpho Espeschit ao autor, em fevereiro de 1987. Cf. também entrevista de Lindolpho Espeschit a Geraldo Fonseca no *Jornal de Casa* de 23 a 29 de agosto de 1987, p. 6. Nessa entrevista, Espeschit não explica que omitiu a Washington Luiz que a estação já estava montada, com material importado, clandestinamente. Cf. ainda ESPESCHIT. *Pelos caminhos do Brasil o que encontrei.*
[75] ESPECHIT. Pelos caminhos do Brasil o que encontrei. p. 364.

que, em até oito dias, o Submarino regresse do Rio com o prefixo da nova estação. Mas navegue com cuidado, meu caro Submarino, pois o momento é melindroso".[76]

Espeschit vai sigilosamente ao Rio. Fora prevenido sobre a má vontade do Presidente Washington Luiz em conceder o prefixo e a autorização para a montagem e o funcionamento de uma estação transmissora na capital mineira. Depois de contatos e entendimentos feitos clandestinamente, a audiência com o Presidente Washington Luiz é marcada. Será um dia inesquecível para o Submarino.

Na tarde de 15 de agosto de 1929, vencidas as barreiras protocolares, Lindolpho Espeschit aguarda na ante-sala presidencial do Palácio do Catete. Levado pela mão de um amigo, o Tenente Cordeiro de Farias[77], é introduzido no gabinete de Washington Luiz. Embora a fisionomia do Presidente expresse contrariedade, os modos são pautados pela cortesia:

- Então, o senhor quer a concessão de um canal para rádio.
- Exatamente, Sr. Presidente.
- Vão fazer oposição em Minas?
- Não, senhor. É apenas para diversão e música. Nada de política.
- Quem garante isto?
- Eu. Eu garanto.

Washington Luiz sorri:
- É garantia bastante, vou mandar lavrar e publicar o decreto.

Por que, durante a conversa com Espeschit, o Presidente Washington Luiz esboçara um sorriso? Ambos sabiam que apenas a publicação do decreto não significaria a instalação da rádio. O equipamento teria de ser importado. Para isso, seria necessária a autorização do governo federal. Seria esse o trunfo guardado por Washington Luiz? Ao deixar o Palácio do Catete, Espeschit está convencido de que o Presidente da República não deseja a instalação de uma rádio em Minas. Entretanto, seu trunfo era um blefe. O material para o transmissor já fora comprado; portanto, não teria de haver autorização do governo federal para se importar o equipamento. Algumas peças acessórias seriam fabricadas em Belo Horizonte, mesmo.

Com a verba liberada por Antônio Carlos para o Serviço Radiotelegráfico do Estado, Josaphá Florêncio adquire o equipamento desativado necessário à montagem da emissora. Antes, porém, Guilherme Manes já havia enviado clandestinamente para Minas, junto com o transmissor de ondas curtas, as instruções para a montagem de aparelhos receptores à base de galena (minério de chumbo, em forma cristalizada, empregado para a captação das correntes alternadas de alta freqüência), cujo preço era mais acessível que o dos rádios a válvula. De reduzida potência e de alcance limitado, ele se compõe de um circuito de sintonia, um detector de galena e um fone. A recepção é destinada, apenas, a uma pessoa, que utiliza fone de ouvido.

---

[76] Submarino é o codinome de Lindolpho Espeschit. Cf. ESPESCHIT. *Pelos caminhos do Brasil*, p. 363.
[77] Cordeiro de Farias foi comandante de um dos destacamentos da Coluna Prestes, formada em abril de 1925. Acompanhou toda a marcha da Coluna, exilou-se na Bolívia, em 1927. Retornou ao Brasil e conspirou ativamente, envolvendo-se no processo que culminou com a Revolução de 30. Atuou militarmente na frente de Minas Gerais. Cf. CAMARGO, GÓES. *Meio século de combate*. pp. 37-40.

Em Belo Horizonte, nas oficinas mecânicas da Imprensa Oficial, são montados 80 rádios de galena para a captação das transmissões radiofônicas; é instalado, em três dias, o transmissor e, finalmente, criada a estação móvel – sobre a carroceria de um caminhão.[78] E é da carroceria desse caminhão, estacionado no interior do prédio da Imprensa Oficial, que é feita a primeira experiência de funcionamento do transmissor de ondas curtas; a antena utilizada é a da torre de transmissão do Serviço Radiotelegráfico do Estado de Minas Gerais. Na segunda transmissão, a emissora é denominada Rádio Mundial – PR Caminhante. Nas irradiações seguintes, emitem-se mensagens contra o governo de Washington Luiz, e a freqüência utilizada é próxima à da Rádio Nacional, do Rio de Janeiro. Assim, os oradores da campanha da Aliança Liberal são ouvidos em todo o país, entre eles, Paulo Pinheiro Chagas, Francisco Campos, José Bonifácio de Andrada e Silva e Levindo Lopes. A cada transmissão, é dado à emissora um nome diferente, de acordo com a inspiração do locutor. Além disso, a transmissão é volante, e eles mudam sempre de local. Dessa forma, conseguem despistar a fiscalização federal; por mais que ela tente, não consegue localizar a rádio.

Em 15 de novembro de 1929, completa-se a montagem do transmissor, e entra no ar, em caráter experimental, a Rádio Mineira PRC-7, no horário das 8 às 24 horas. Mais uma vez, a fiscalização federal será driblada: para que ela não descubra que a transmissão clandestina em ondas curtas é ligada ao trabalho da equipe da Rádio Mineira, o grupo de Espeschit, durante as transmissões, faz rigorosas críticas às irradiações clandestinas; eles mesmos redigem os textos. No momento em que a crise pela sucessão presidencial divide, cada vez mais, mineiros e paulistas, o papel do rádio adquire grande relevância.

Meados de 1929. É noite. Em sua mesa de despacho, no Palácio da Liberdade, em Belo Horizonte, Antônio Carlos acaba de colocar o telefone no gancho. Do outro lado do fio, Espeschit levanta-se para cumprir a ordem recebida. Desce até a garagem da Imprensa Oficial e, pessoalmente, prepara seu carro para conduzir Antônio Carlos até a chácara de Pedro Rache, no afastado Bairro Jatobá, para uma reunião secreta. Minutos depois, o carro oficial desliza até o fundo da garagem. Do veículo, sai o Presidente Antônio Carlos, acompanhado do General Aristarco Pessoa, irmão do Presidente do Estado da Paraíba, João Pessoa. Tomam assento no banco traseiro do carro de Espeschit. A viagem é feita em silêncio. Ao chegarem à chácara, instala-se a reunião, da qual participam, também, o Dr. Pedro Rache; o deputado mineiro Francisco Campos; o Sr. João Neves; Francisco Flores da Cunha, delegado de Getúlio Vargas, Presidente do Estado do Rio Grande do Sul, e representantes do governo gaúcho. Nesse encontro, consubstancia-se a Aliança Liberal. Quando a reunião termina, lavra-se uma ata.

Às 3 horas da manhã, o Presidente retorna à garagem da Imprensa Oficial. Antes de regressar ao Palácio da Liberdade, dá instruções a Espeschit sobre a divulgação do encontro no Bairro Jatobá. Espeschit redige a notícia, que é aprovada por Antônio Carlos. No dia seguinte, "todas as gazetas da Concentração haviam noticia-

---

[78] ESPESCHIT. *Pelos caminhos do Brasil o que encontrei.* p. 365.

do a fundação da Aliança Liberal, em nota remetida pela Agência Nacional, órgão oficial da adversária Concentração Conservadora".[79] A transmissão pela Agência Nacional fora um trabalho feito pela organização clandestina de propaganda dirigida por Espeschit: como ele está de posse da palavra-chave das ordenações da Concentração, pôde enviar a notícia como se fosse matéria de interesse do governo de Washington Luiz.

Getúlio Vargas será convidado a se candidatar ao cargo de Presidente. Dessa forma, a Aliança Liberal pretende garantir o apoio das oligarquias do Sul do país. Para o cargo de Vice-Presidente, será convidado o paraibano João Pessoa, na tentativa de se criar um campo de forças entre as oligarquias do Nordeste e as do Norte do país. Essa mobilização rompe o antigo pacto político, que, durante anos, representara uma coalizão de poder, com o objetivo de preservar interesses políticos e econômicos de mineiros e paulistas. Os desdobramentos posteriores configuram um espectro de possibilidades e ações no processo conhecido como Revolução de 1930.[80]

A mobilização liderada pelo Presidente Antônio Carlos inclui a manutenção e maior apoio ao grupo clandestino, responsável pela divulgação e pela propaganda do movimento em Minas. Como a conspiração avança, Espeschit não tem pressa para inaugurar a Rádio Mineira, pois já se dispõe do prefixo: é só aguardar a vitória contra Washington Luiz. Instalada no edifício da Rede Mineira de Viação, a emissora presta grandes serviços ao movimento revolucionário.

Entretanto, a perseguição política não tarda a atingir companheiros de Espeschit. Além de agirem burlando audaciosamente a lei, descumpriram a promessa feita a Washington Luiz: Minas conspira com as oligarquias no processo que desembocaria a 3 de outubro de 1930. José Victor Ferreira Lopes, chefe de aparelhagem da Rádio Mineira, é requisitado pelo governo federal e transferido para o Rio de Janeiro. O radiotelegrafista Henrique Silva, preso, é levado para o Rio de Janeiro e torturado para revelar o Código Radiotelegráfico do Estado de Minas Gerais, por meio do qual se transmitiam as ordens secretas revolucionárias. Mas não o revela.

Chega o ano de 1930. Não há clima para a inauguração oficial da emissora, que só faz transmissões em caráter experimental. O mês de setembro se anuncia prenhe de tensões.

Antônio Carlos deixa o Palácio da Liberdade e vai ao Cinema Comércio assistir a um filme. Instala-se no camarote presidencial. Pouco tempo depois, surge Espeschit. Perplexo, passa às mãos do Presidente o telegrama que recebera na Imprensa Oficial: no Recife, João Pessoa fora assassinado, em um café, por João Dantas. Antônio Carlos lê o telegrama; consternado, retorna ao Palácio da Liberdade. Espeschit volta à Imprensa Oficial e providencia a publicação da notícia e comentários sobre a situação.

A revolução deflagrada atinge as ruas de Belo Horizonte. No Bairro Carlos Prates, o menino Bruno Piancastelli está subindo a Rua Traíras em companhia do pai e do avô, imigrante italiano, para tentar acompanhar, com um binóculo, a movimentação das tropas do 12° Regimento de Infantaria. Enquanto se encaminham para a

---

[79] ESPESCHIT. Pelos caminhos do Brasil o que encontrei. p. 362.
[80] CASTRO GOMES et alii. Regionalismo e centralização política.

Rua Patrocínio, as balas zumbem. Chegando à casa de um amigo, vão até o porão, a fim de poderem ver por uma janela. Embora o tiroteio prossiga distante, as balas chegam a passar perto. O avô, como medida de segurança, propõe que a família se mude para um lugar chamado Engenho Nogueira.

O menino Bruno tem apenas 6 anos, diverte-se com o passeio e com os tiros que ouve ecoar ao longe. Não entende o que se passa. Nem sua professora, no Grupo Escolar Lúcio dos Santos, consegue explicar o que acontece na cidade. Ele pensa ser brincadeira de gente grande.[81] Como compreender os acontecimentos que, até para a maioria dos adultos, são um enigma?

Pedro Nava, em *O Círio Perfeito*,[82] descreve a Revolução de 30 em Belo Horizonte e o sofrimento da população diante do clima de violência que se instaurou. Sua narrativa leva o leitor a acompanhar os acontecimentos de dentro da Santa Casa de Misericórdia:

> (...) aquela fúria de metralhadoras sacudindo e ponteando os céus e os ares de Minas Gerais (...) a cidade (...) estilhaçara-se em milhares de cacos e de pontas naquele 4 de outubro de 1930 – quando, às cinco e trinta e seis minutos, o ar estraçalhara todo riscado pelas milhares e milhares de trajetórias dos projéteis (...) a cidade fora apanhada de surpresa pelo tiroteio. Havia gente na rua desde cedo que era atingida pelas rajadas que não paravam (...) daí a quantidade de feridos na população (...) cadáveres acumulados no necrotério.[83]

Depois, rememora o dia 8 de outubro, em que a manhã silenciosa é rompida por "todas as sereias e buzinas e apitos de fábricas e máquinas e os sinos todos de Belo Horizonte a dizer que tudo estava acabado".[84] A fragmentação da realidade imediata vai expondo a conjuntura política da história republicana do país. É que, "para se entender a Revolução de 30, há que se pensar num processo, fugindo da hipótese da história tradicional, centrada no acontecimento. Quando o acontecimento se dá, denuncia as mudanças que já estão se operando na sociedade e acelera, com sua força, a intensidade do processo. O imediato dos fatos pede outras explicações".[85] As armas silenciaram depois de fazerem calar as divergências.

A 6 de fevereiro de 1931, está preparada a inauguração oficial da Rádio Mineira, cuja concessão fora um engano político de Washington Luiz, agora já no exílio. Henrique Silva, Lincoln de Carvalho, José Zacarias de Miranda e Lindolpho Espeschit assinam o primeiro estatuto da Rádio Mineira como seus fundadores.

Para o programa inaugural, o Conservatório Mineiro de Música envia sua orquestra, constituída por professores. O transmissor, feito e aperfeiçoado por Guilherme Manes, confere qualidade técnica ao som. O locutor do ato inaugural, Ennius

---

[81] Relato pessoal do médico Bruno Piancastelli, descendente de imigrantes italianos, pioneiros na construção da cidade de Belo Horizonte.
[82] NAVA. O círio perfeito, p. 48.
[83] NAVA. *O círio perfeito*, pp. 21-31.
[84] NAVA. *O círio perfeito*. p. 48.
[85] LAGE DE REZENDE. *Estado de Minas*, 1990, 2º cad., p. 2.

Marcos de Oliveira Santos, anuncia o programa: *Hino Nacional Brasileiro;* Grieg: *Marcha Triunfal;* Rimsky Korsakov: *Sheherazade;* Otto Kockert Maul: *Valsa Poética;* V. Giordano: *Fedora*.[86]

Os anunciantes da rádio são poucos. No início, apenas a Andrade Alfaiate, a Parc Royal e a Guanabara. Há ajuda financeira por parte do governo do Estado. As pessoas que dispõem de rádios receptores contribuem com 5 contos de réis por mês. Amantes da música erudita emprestam seus discos à emissora. As audições são programadas e anunciadas em jornais e chegam a atrair centenas de ouvintes.

Cinco dias após a sua inauguração, a 11 de fevereiro de 1931, a Rádio Mineira leva ao ar, como principal atração, uma orquestra sinfônica que apresenta a ópera *Aída,* de Verdi.

No mesmo ano, transmite seu *Jornal Falado* em dois horários: das 11h30min às 12 horas e das 19h30min às 20 horas. Ademais, oferece audições da Orquestra Típica Fernandez, especializada em tangos.[87]

A programação se diversifica: tocam-se os discos da Casa Edison, do Rio de Janeiro, e há o *Programa Nacional*, elaborado pelo departamento de publicidade do governo federal, o qual é irradiado das 19h30min às 20 horas; mais tarde, ele se transformará em *A Hora do Brasil.* Programas são transmitidos a partir das 20 horas, horário considerado nobre: entre eles, um de crônicas, *Tardes Românticas,* em que são narradas vivências de belo-horizontinos.

Em 1940, o poeta Bueno de Rivera transmite o jogo entre Vila Nova e Atlético e inaugura a fase de transmissões esportivas da Mineira.

Há, também, o radioteatro: a emissora reúne bons atores e lança *A Ceia dos Cardeais*, baseada na obra de Júlio Dantas, sob a direção de Luiz Panzi.[88]

O locutor Afonso de Castro torna-se famoso; sua voz simplesmente fascina os ouvintes. Às 7 horas da manhã do dia 1º de setembro de 1939, é tocado o prefixo usual: com sua locução pontuada e empostada, Afonso de Castro anuncia a grave notícia: "Os quatro cavaleiros do Apocalipse estão soltos na Europa. Começou a Segunda Guerra Mundial".

Entretanto, outros registros que o tempo preservou deixaram sinais menos catastróficos: por exemplo, o da chegada do compositor carioca Noel Rosa a Belo Horizonte. A Rádio Mineira será o lugar onde o sambista encontrará amigos e apoio profissional. Ali será um ponto de partida para sua vida de boêmio e de encontro com Belo Horizonte.

NOEL ROSA NA MINEIRA

A questão da memória está presente na obra de Walter Benjamim como "aquilo que alguém viveu" e que "é, no melhor dos casos, comparável à bela figura à qual,

---

[86] Estas informações foram retiradas de: *Estado de Minas.* 18 fev. 1975, 2ª seção, p. 1; *Estado de Minas.* 26 fev. 1975, 2ª seção, p. 2.
[87] FELIPE. *Estado de Minas.* 21 set. 1986, 1º caderno, p. 14. Segundo o autor, a Rádio Sociedade de Juiz de Fora é a mais antiga de Minas Gerais.
[88] FONSECA. *Jornal de Casa*, p. 6.

em transportes, foram quebrados todos os membros, e agora nada mais oferece a não ser o bloco precioso".[89] No entanto, a construção de uma nova figura torna-se possível, a partir desses restos, desses cacos.[90] Este trabalho será o de esculpir uma nova imagem do que representa a estada de Noel Rosa em Belo Horizonte, nos idos da década de 30: ela está marcadamente associada à Rádio Mineira. Fragmentos de lembranças emersos de relatos pessoais, dados colhidos em consultas a livros e jornais vão delineando os rastros deixados por Noel, e "as pedras da cidade, enquanto permanecem, sustentam a memória" dessa passagem.[91]

Modéstia à parte, meus senhores, eu sou da Vila![92]

1910. Nasce Noel Rosa. Será em meio à famosa "efervescência musical" de Vila Isabel, bairro de classe média do Rio de Janeiro, que ele começará a "conhecer os personagens de sua história". A par dos estudos no Ginásio de São Bento, a mãe de Noel inicia o garoto em bandolim, e o pai lhe ensina violão. "Mesmo em guri, a minha grande fascinação era a música. Qualquer espécie de música. (...) Sentia-me sonhar ante qualquer melodia".[93] A convivência com o rádio também começa cedo; ao serem lançados os primeiros aparelhos receptores, a família de Noel adquire um. Mais tarde, será por meio do rádio, então "o mais importante veículo de divulgação musical", que ele irá divulgar largamente suas músicas e seus discos.[94]

"Só dezoito anos. E que violão!"[95] Na época, o samba que vinha do morro e as emboladas nordestinas constituíam alternativas à música européia ou à americana. Noel vai criar uma nova linguagem para a música popular brasileira: com ele, surgirá um outro tipo de samba.[96]

Convidado por quatro rapazes – Álvaro de Miranda Ribeiro, o Alvinho; Henrique Foréis Domingues, o Almirante; Carlos Alberto Ferreira Braga e Henrique Britto –, Noel aceita fazer parte de um conjunto, o Bando dos Tangarás. Jovens presos a valores da classe média de então, ao tentar levar sua música ao público, correm o risco de ser desprezados por amigos, familiares, vizinhos: tocar e cantar por dinheiro não era bem-visto pela sociedade da época. Um dos membros do grupo sugere, então, que usem pseudônimos. Há recusa quase generalizada. Apenas Carlos Alberto Ferreira Braga, estudante de Engenharia e filho de industrial, assume o pseudônimo de João de Barro. Para não serem desrespeitados, optam por fazer apresentações sem receber remuneração: seriam amadores. Agindo dessa forma, não esconderiam sua posição social, nem seriam renegados. Iriam receber dinheiro, apenas, da venda de discos e de apresentações radiofônicas.[97]

Noel começa a se formar como compositor numa época de transformações sociais que minam a República Velha. O contexto é de conflitos abertos: Movimento

---

[89] BENJAMIM, Walter. *Obras escolhidas II:* rua de mão única, pp. 41-42.
[90] BENJAMIM, Walter. *Obras escolhidas II:* rua de mão única, p. 42.
[91] BOSI, Ecléa. *Memória e sociedade:* lembranças de velhos, p. 363.
[92] Versos extraídos de Feitiço da Vila, samba de Vadico e Noel Rosa.
[93] MÁXIMO, DIDIER. *Noel Rosa: uma biografia.* pp. 19, 143, 39, 50.
[94] CABRAL, Sérgio. *O eterno jovem.* p. 12.
[95] Cf. MÁXIMO, DIDIER. *Noel Rosa.* p. 101.
[96] Cf. CABRAL, *O eterno jovem*, p. 8.
[97] Cf. MÁXIMO & DIDIER. *Noel Rosa, uma biografia.* pp. 101 a 103.

Tenentista, Coluna Prestes, Revolução de 1930, tentativas de avanço no processo de industrialização.

Com a introdução de novas tecnologias na indústria fonográfica, a antiga gravação mecânica, que exigia considerável potência vocal, é substituída pela elétrica; dessa forma, os cantores de voz menos potente já podem registrá-la em disco. A nova técnica irá agilizar a produção fonográfica e propiciar a divulgação de maior variedade de estilos musicais. Esses avanços influirão favoravelmente na carreira de Noel.[98]

Original: assim é o jovem compositor que retrata as crises sociais de seu tempo. Em 1929, ele fala da situação do país, "o Brasil de tanga".[99] "Agora vou mudar minha conduta/Eu vou pra luta/Pois eu quero me aprumar/(...) Pois esta vida não está sopa/E eu pergunto: com que roupa?/Com que roupa eu vou?/Pro samba que você me convidou?".[100] De um lado, a ligação com os Tangarás; de outro, a tendência a buscar seu próprio caminho. É nesse interregno que brota o compositor Noel Rosa. Grande talento pontilhado por estranhos hábitos: o de evitar grupos; o de fazer brincadeiras, muitas vezes, cruéis; o de nutrir verdadeira paixão por burros; o de preferir a companhia de "gentinha"[101]; o de freqüentar botequins e cabarés. E como "ninguém aprende samba no colégio"[102], Noel logo deixará o curso de Medicina, subirá o morro e abraçará, definitivamente, a música popular brasileira – sobretudo, o samba.

"– Que é que você está fazendo, Noel?
– Esperando que passe por aqui um botequim".[103]

As madrugadas, a cerveja, o descuido com a alimentação, a vida desregrada trazem a perda de peso, as olheiras, a tuberculose. O Dr. Edgar Graça Mello, filho do padrinho de Noel, recomenda uma série de cuidados e mudança de clima – Teresópolis, Friburgo, Belo Horizonte. É na capital mineira que Noel irá passar uma temporada: seu clima ameno e ar puro de montanha são ideais para tratamento de tuberculose; ficará na casa de tia Carmem, irmã de sua mãe.

Em janeiro de 1935, Noel e a esposa, Lindaura de Medeiros Rosa, desembarcam na capital mineira, depois de 16 horas de viagem nas duras cadeiras de um trem. Mário Brown, tia Carmem e os filhos, Dulce, Sylvia e Mariozinho, recebem o casal.

O cenário da Praça da Estação é substituído por outro e mais outro, rumo à Floresta. No bairro, poucas casas, pouco movimento. Descem na Rua São Manoel, 124. É uma casa com quintal. Na varanda, certamente, a família se assenta para conversar nas noites amenas da jovem cidade, conforme costume da época.

D. Carmem cuidará pessoalmente da alimentação do sobrinho. Nos primeiros dias, após o jantar, Noel vagueia pelas ruas da cidade. Retorna cedo, fecha-se no quarto, mas não dorme. A tia descobre que ele passa as noites escrevendo: letras, versos, pensamentos são anotados no caderno de capa dura que ele guarda com carinho. Ela retira a lâmpada do quarto. Ele pega a lâmpada de um dos quartos dos

---

[98] CABRAL, Sérgio. *Cadernos de opinião*.
[99] Cf. MÁXIMO & DIDIER. *Noel Rosa*, p. 116.
[100] "Com Que Roupa", samba de Noel Rosa.
[101] Cf. MÁXIMO & DIDIER. *Noel Rosa*, p. 132.
[102] "Feitio de Oração", samba de Vadico e Noel Rosa.
[103] MÁXIMO – DIDIER, pp. 316 e 342.

Em 1935, Noel Rosa vem a Belo Horizonte para tratar da saúde. Na Rádio Mineira, faz muitos amigos. Na foto, os atores Beré Lucas e Luciana Nacif interpretam Noel e sua esposa, Lindaura, no vídeo *Entreato Mineiro – Noel Rosa em Belo Horizonte*, produzido pelo Departamento de Comunicação da UFMG, em 1994. Arquivo de Fábio Martins.

primos. Lindaura e D. Carmem retiram a segunda lâmpada. Ele não desanima: compra uma caixa de velas no armazém da esquina e continua a escrever durante as madrugadas.

D. Carmem leciona violino no Conservatório de Música. No final de janeiro, Noel vai até lá visitá-la e, em papel timbrado da instituição, escreve uma carta a seu médico, à qual acrescenta os seguintes versos:

> Já apresento melhoras/ Pois levanto muito cedo./ Deitar às 9 horas/ Para mim é um brinquedo./ A injeção me tortura/ E muito medo me mete/ Mas minha temperatura/ Não passa de 37./ Nestas balanças mineiras/ De variados estilos/ Trepei de várias maneiras/ E pesei 50 quilos./ Deu resultado comum/ Meu exame de urina./ Meu sangue:/ 91% de hemoglobina./ Creio que fiz muito mal/ Em desprezar o cigarro:/ Pois não há material/ Pra meu exame de escarro!/ Até agora, só isto./ Para o bem dos meus pulmões/ Eu nem brincando desisto/ De seguir as instruções./ Que meu amigo Edgar/ Arranque deste papel/ O abraço que vai mandar/ O seu amigo Noel.[104]

Mas ninguém conseguirá retê-lo: "O boêmio não é um cidadão comum. Sua casa é a rua, o botequim, os poucos cantos que nunca dormem".[105]

Uma tarde, Noel toma o ônibus da Floresta em direção ao centro da cidade. Na esquina da Rua da Bahia com a Avenida Augusto de Lima, aponta o prédio do Conselho Deliberativo de Belo Horizonte. No porão do edifício, funciona a Rádio Mineira.[106] Noel é recebido por Henrique Silva, diretor da emissora, e, naquela mesma tarde, com Aldo Sartini, Lourival Serra e o pianista Laerte Vaz de Melo, faz uma audição.[107] Fica conhecendo, também, Roberto Ceschiatti, responsável pela parte técnica da emissora. A rádio irá tornar-se um de seus lugares prediletos.

Os locutores Paulo e Chico Lessa, o jornalista José de Oliveira Vaz, Milton Dias, Zeno Santa Rosa, Nelson Orsini, jovens apaixonados por rádio, gostam de Noel; aliás, já conheciam suas composições. Os novos amigos o convidam a experimentar o prato feito de dois mil réis do Restaurante Colosso, que fica defronte à rádio. Acompanhado da nova turma e de Cascatinha, sua cerveja predileta, Noel faz, naquela tarde, no Colosso, sua primeira roda de samba em Belo Horizonte.[108]

Sucedem-se as apresentações na Mineira. Noel e Nelson Orsini cantam juntos e se revezam ao violão; fazem incursões à zona boêmia e aos bairros de periferia. Comparecem a uma festa na residência de Manoel Maurício da Rocha, professor da Faculdade de Engenharia. Somente depois de vários goles de Cascatinha, é que Noel canta seus sambas. "Feitiço da Vila" e "Seja Breve" fazem sucesso na época. Ele chega a fazer uma letra sobre Belo Horizonte:

---

[104] MÁXIMO, DIDIER, *Noel Rosa uma biografia*, pp. 352-353.
[105] MÁXIMO, DIDIER. *Noel Rosa, uma biografia*, p. 348.
[106] MÁXIMO, DIDIER. *Noel Rosa, uma biografia*, p. 350.
[107] FONSECA, *Jornal de Casa*. 11 abr. 1987, p. 6.
[108] MÁXIMO, DIDIER. *Noel Rosa, uma biografia*, p. 350.

Belo Horizonte,/ Deixe que eu conte/ O que há de melhor para mim./ Não é o bordão deste meu violão/ Nem é a rima que eu firo assim./ Não é a cachaça/ Nem a fumaça/ Que no meu cigarro vi./ Belo Horizonte,/ Deixe que eu conte:/ Bom mesmo é estar aqui.

Mais tarde, na zona boêmia, essa letra será totalmente modificada.[109] Testemunha das freqüentes transgressões do sambista, o relógio da Praça da Estação assinala, noite após noite, o avançado da hora em que Noel e Orsini atravessam o Viaduto da Floresta. Certa vez, eles cantavam em pleno viaduto, alta madrugada. Um guarda os interrompe: "Vão para casa, os dois! Isso não é lugar de desocupados". Eles protestam. Apresentam os documentos pedidos. Quando o guarda vê que se trata de Noel Rosa, pede desculpas, tira do bolso do dólmã uma flauta e pede: "Vá aí um si bemol". E o pequeno conjunto segue em direção à Rua São Manoel, no canto envolto em flauta e violões.[110]

Até a igreja da Boa Viagem faz coro durante a temporada de Noel em Belo Horizonte. Uma noite, ele e os amigos da Rádio Mineira vão à Praça da Boa Viagem fazer serenata para uma moça por quem um deles estava apaixonado. A homenageada morava exatamente defronte à igreja. Buscando inspiração, Noel diz: "Yolanda, Yolanda..." São surpreendidos com um eco que vem de dentro da igreja, repetindo o nome pronunciado. Na mesma hora, Noel faz um samba em que fala da moça: "Yolanda! Eu chamo, você não vem/ E o eco só responde:/ Yolanda... Yolanda..." E reclama do eco: "Não se pode improvisar/ Ele vem incomodar".[111]

A presença de Noel Rosa em Belo Horizonte só é noticiada um mês após sua chegada. O carnaval está sendo preparado. Os jornais destacam os festejos, e o Dr. Soares de Matos, Prefeito Municipal, libera verbas e incentiva a folia.[112] O jornal *Folha de Minas* promove um concurso de músicas carnavalescas intitulado "Loura ou Morena?". Em 15 de fevereiro, Noel vai, com amigos, até a redação do jornal. No dia seguinte, sai publicada, com o título "Seja Breve", uma conversa com o sambista. Segundo o jornal, Noel é o "doutor em samba (...) que se confirmou através de muitos dos melhores sambas que o Brasil tem tido". Indagado sobre as razões que o trouxeram a Minas, ele diz que veio para engordar: já ganhara 5 quilos. Mas é "como se não estivesse em Belo Horizonte. Não saio, não ando, nem nada. Como e durmo". Afirma que não gosta de concursos – "Eu não sou do tipo carnavalesco. Não me preocupo com fazer o fácil, pra pegar. Nem me levo pelo amor e pela fantasia. Gosto do realismo e, como ultimamente estou compondo para rádio, estou no meu elemento, no meu gênero". Entretanto, ele compõe a marcha "Uatch" e a inscreve: fica em 5º lugar no concurso.[113]

---

[109] MÁXIMO, DIDIER. *Noel Rosa, uma biografia*, p. 351.
[110] MÁXIMO, DIDIER, *Noel Rosa, uma biografia*, p. 538.
[111] MÁXIMO, DIDIER. *Noel Rosa, uma biografia*, p. 359.
[112] FONSECA. *Jornal de Casa*, 5 a 11 abr. 1987, p. 6.
[113] MÁXIMO, DIDIER. *Noel Rosa, uma biografia*, p. 353.

Quando chega o carnaval, Noel não quer saber da folia belo-horizontina: prefere ficar com os amigos da Rádio Mineira, compondo, tocando, cantando e tomando cerveja Cascatinha. Após o carnaval, sai publicada no jornal *O Debate* uma entrevista com Noel; entre outras coisas, ele diz que o "samba foi inspirado no pisar da morena carioca".[114]

"Como Deus é inspirado/ Inventou para o pecado/ Estas noites de luar..."[115] Os tios protestam: para continuar na casa de Mário Brown, Noel terá que seguir as prescrições médicas. Ele promete fazê-lo, e a rotina dos primeiros dias, aparentemente, retorna. Noel passa a recolher-se, com Lindaura, às 10 da noite. Mas a janela do quarto dá para um terreno baldio, onde pasta um burro. Com uma cenoura, Noel acena para o animal, e ele se aproxima. Prometendo a Lindaura "voltar logo", Noel salta sobre o burro e escapole. Esta cena se repetirá muitas vezes.[116]

A noite incita o imaginário masculino, cria lugares interditados às famílias. Cafés, clubes noturnos, bares, cabarés constituem espaços de prazer e de sociabilidade masculina. São permissíveis apenas às mulheres profissionais da noite e representam mundos subterrâneos cujos mistérios fascinam. "Aqui estamos no plano da fantasia, dos desejos, das projeções".[117] É essa sedução boêmia que, com voracidade, vai tragando Noel e sua saúde.

DA RÁDIO MINEIRA À RUA SÃO MANOEL, DA RUA DA BAHIA À FLORESTA

Na época, o espaço social de Belo Horizonte flameja na movimentada Rua da Bahia. Nela se encontram as lojas sofisticadas, os bares e cafés freqüentados por intelectuais, os locais de lazer da população chique dos anos 30, enfim, ali pulsa o coração da cidade. "Todos os caminhos iam à Rua da Bahia... Da Rua da Bahia partiam vias para os fundos do fim do mundo, para os tramontes dos acaba-minas... A simples reta urbana... Mas seria uma reta? Ou antes, a curva?" Ao evocar a Rua da Bahia, "agora, sim, vamos pisar solo sagrado..."[118]

Estamos no mês de abril de 1935. Depois de uma audição, Noel está deixando a Rádio Mineira. Em estilo manuelino, o prédio guarda lembranças da cidade, fundada em 1897. A tarde é límpida. No céu sem ponta de nuvem, as asas dos pássaros riscam o azul forte e profundo. Há um friozinho no ar, trazido pela brisa que brinca com as rosas e as plantas nos canteiros próximos. O ar é puro, poucos os passantes. Um bonde sobe a Rua da Bahia. Devagar. As casas são do início da cidade, os postes de ferro suportam fios de eletricidade e da pequena rede telefônica da capital mineira.

---

[114] MÁXIMO, DIDIER. *Noel Rosa, uma biografia*, pp. 356-357.
[115] MÁXIMO, DIDIER. *Noel Rosa, uma biografia*, p. 99.
[116] MÁXIMO, DIDIER. *Noel Rosa, uma biografia*, pp. 356-357.
[117] RAGO. Os prazeres da noite, p. 27.
[118] NAVA. *Beira-mar*, p. 9. Outro mineiro que também evoca a Rua da Bahia é o jornalista, radialista e compositor Rômulo Paes. Natural de Paraguaçu, fixou residência em Belo Horizonte a partir dos anos 30. Apaixonado pela música, boêmio, criou vários sucessos, principalmente marchas de carnaval. Entre eles, a clássica "Rua da Bahia". Seu dístico ficou famoso: "Minha vida é esta: subir Bahia, descer Floresta".

Noel sai em companhia de Nelson Orsini, Roberto Ceschiatti, Zeno Santa Rosa e Milton Dias. Atravessam a rua. Defronte à rádio, ergue-se o Grande Hotel, bela construção de dois andares, onde, em confortáveis apartamentos, hospedam-se políticos e personalidades da época. No andar térreo, voltado para o nascente, o Restaurante Colosso. Vai ter início mais uma tertúlia. Samba, cerveja Cascatinha e pinga da boa. Noel trata bem o violão que lhe cai nas mãos. Nesse clima de amizade, o samba rola solto e bem acompanhado.[119]

Já noite feita, termina a reunião na mesa do bar. Lá vai o grupo, descendo Bahia para subir Floresta. Quem vai a pé da Rádio Mineira à Rua São Manoel andará uns 3 quilômetros. O trajeto pode ser feito descendo-se a Rua da Bahia, cortando-se a Avenida Afonso Pena, seguindo-se até a Praça da Estação. Atravessa-se, então, o Viaduto da Floresta, atinge-se a Rua Jacuí e, finalmente, chega-se, pela direita, à Rua São Manoel.

Lá vão eles, descendo a Rua da Bahia. Passam em frente ao número 1.038: na vitrina, chapéus de sol e bengalas da firma Poni & Companhia. A seguir, a Livraria Francisco Alves, à esquerda de quem desce a Bahia. Depois, a Notre Dame de Belo Horizonte, cuja especialidade é vender casimira de pura lã, da Fábrica do Piripiry. Param no nº 860, em frente à Casa Giácomo, que vende a sorte grande. No nº 884, admiram a Charutaria Flor de Minas, com seus havanas importados.[120] Na esquina com a Avenida Afonso Pena, o Bar do Ponto, local apropriado "para uma boa tertúlia, uma reunião breve, um prazo dado".[121]

Pelos bares e cafés vão passando. Atingem a Praça Rui Barbosa, a plataforma de embarque da estação, onde os últimos trens da noite partem, apitando. O relógio da torre do prédio marca altas horas. Noel está infringindo, mais uma vez, a prescrição médica de fazer repouso.

Na estação, nos gradis de ferro e cimento, dormem antigas saudades, passeiam cenas da vida belo-horizontina. No fogo que arde ao pé de um monumento, um velho torra milho e faz pipoca. Um apito de guarda-noturno profana o silêncio e assusta a noite dos pombos adormecidos entre as calhas. A brisa traz, do centro da Praça da Estação, um cheiro forte de mato e de flores.

O grupo alcança o Viaduto da Floresta, chega à Rua Jacuí. Sobe por ela, até atingir a São Manoel. Na despedida, Noel canta: "Quando o apito da fábrica de tecidos/ Vem ferir os meus ouvidos,/ Eu me lembro de você..."[122] A saudade da vida no Rio aumenta.

A preocupação dos tios também. Não querem ser responsáveis por uma recaída do sobrinho. No início de abril, Noel toma a última cerveja com os amigos, faz as malas e volta para o Rio de Janeiro. "Primeiro, porque ela [a vida] não é séria. Depois, porque é curta demais".[123]

---

[119] Relatos pessoais de Roberto Ceschiatti ao autor.
[120] FONSECA. *Jornal de Casa*. 5 a 21 março 1987, p. 5; relatos pessoais de Roberto Ceschiatti ao autor.
[121] Um estudo precioso sobre o Bar do Ponto pode ser encontrado em CHACHAM. A memória dos lugares em um tempo de demolições: a Rua da Bahia e o Bar do Ponto na Belo Horizonte dos anos 30 e 40.
[122] "Três apitos", de Noel Rosa.
[123] MÁXIMO, DIDIER, *Noel Rosa, uma biografia*, pp. 359-408.

Esses detalhes a respeito da estada de Noel em Belo Horizonte, fortemente marcada pelos amigos que fez na Rádio Mineira, mostram que fragmentos podem permitir a construção de um percurso. E o que se faz presente nesse tempo de Noel? O que o diferencia de seus novos amigos: o talento de compositor, ou a fama que o visita? A paixão pelas madrugadas, ou o feitiço trazido do Rio?

Penso que é o seu tempo. Um tempo que estampa a finitude da vida, marcada pela fatalidade. Seu tempo busca a noite, caprichosa e sedutora, com suas infinitas possibilidades de prazer, encharcada de desejos. Noite, alegoria de festa e de riso, exorcista da morte que se avizinha. Os novos amigos não haviam sido, ainda, tocados pelo estigma da finitude da vida, como Noel: outro é o seu tempo; outro é o ingresso em suas rupturas. Embrenha-se por estreitas aberturas, tentando atingir mais largos horizontes.

UM COMPANHEIRO DE TERTÚLIAS

Logo que se conheceram, na Rádio Mineira, Noel Rosa e Roberto Ceschiatti ficaram amigos. Segundo este, em 1935, Belo Horizonte era "clara, bonita, calma". Muito estava por fazer: a Praça Sete, sem calçamento; a Avenida Amazonas, ensaibrada; o Banco Hipotecário, semiconstruído. A capital de Minas era uma cidade-sanatório para tratamento de tuberculose.[124]

Preocupado com a saúde de Noel, a quem acompanha pela cidade, pelas noites e madrugadas, Ceschiatti, insistentemente, pede-lhe que se cuide. Noel confessa-lhe, então, que está contrariado com sua permanência em Belo Horizonte e desabafa: prefere viver 1 ano no Rio a 10 na capital mineira. Salienta que o Rio é o seu lugar: lá nasceu, tem seus outros amigos, seus amores, suas coisas, sua inspiração. Seu espírito brincalhão e boêmio quer viver na terra que ama a aventura da vida que lhe resta. Afinal, parece estar convencido de que nada poderá ser feito contra a tuberculose (doença incurável, na época), que já determinara sua partida deste mundo.

De volta ao Rio, Noel trocará inúmeras cartas com Ceschiatti.

O tempo passou.

Um fato inédito, ocorrido naquela época, será revelado muitos anos depois. Roberto Ceschiatti rompera um noivado. Zelosa, sua mãe quis apagar a memória desse amor desencantado – ajuntou todas as cartas da ex-noiva e as lançou ao fogo. Entretanto, ela não se dera conta de um detalhe: misturadas às cartas da moça, estavam as que Noel enviara ao filho.

Em 1993, a lembrança da queima das cartas de Noel ainda abalava Ceschiatti. De fato, ele perdeu, segundo Violette Morin, "objetos biográficos, pois envelhecem com seu possuidor e se incorporam à sua vida... Cada um desses objetos representa uma experiência vivida. Eles falam das aventuras afetivas de seus possuidores".[125]

---

[124] Relatos pessoais de Roberto Ceschiatti ao autor.
[125] MORIN, apud BOSI. *Memória e sociedade*, p. 360.

Mas o fogo nem sempre apaga a memória ou consome ressentimentos. Pode ser um inimigo do tempo em que a história está-se constituindo. Pode destruir vestígios, rastros, documentos que assinalam épocas. Mas não aniquila as lembranças que o coração quer guardar.

Em março de 1937, Noel e Lindaura passam uma temporada em Friburgo, para ele se tratar. Em abril, vão a Piraí, mas ficam apenas uma semana. Noel piora: "Quem é que já sofreu mais do que eu,/ Quem é que já me viu chorar?/ Sofrer foi o prazer que Deus me deu./ Eu sei sofrer sem reclamar".[126]

Noel teve mais de 50 parceiros[127] e compôs vasta obra durante seus 8 anos de carreira (1929-1937). Talentoso e inovador, tornou-se um dos maiores nomes da música popular brasileira. A 4 de maio de 1937, Noel Rosa se foi. Tinha apenas 26 anos.[128] "Adeus, cigarra vadia!"[129]

"Não tenho herdeiros,
Não possuo um só vintém.
Eu vivi devendo a todos,
Mas não paguei nada a ninguém".[130]

Ao "culto da malandragem", sucede a exaltação dos trabalhadores: é o tempo de Getúlio Vargas, com o seu Estado Novo.[131]

"Juro deixar o mundo alegremente/ Desde que eu tenha um violão por cruz."[132]

---

[126] "Eu sei sofrer", de Noel Rosa.
[127] MÁXIMO, DIDIER, *Noel Rosa uma biografia*, pp. 359-408.
[128] Cf. CABRAL, p. 12, 15.
[129] Verso extraído do samba-canção "Violões em Funeral", de Sebastião Fonseca e Sílvio Caldas.
[130] "Fita amarela", de Noel Rosa.
[131] LENHARO. Sacralização da política, p. 38.
[132] "O que é um violão", de Noel Rosa. In: MÁXIMO, DIDIER. Noel Rosa: uma biobrafia, p. 50.

A Rádio Guarani dos linces e dos primazes

1935. No porão da residência do empresário Lauro de Souza Barros, são feitas experiências de transmissões radiofônicas. No ano seguinte, vencidas as barreiras burocráticas, a Rádio Guarani é inaugurada oficialmente, em 10 de agosto. Os estúdios são instalados na Rua Curitiba, 796, e Ana Luíza de Souza Barros, mãe do empresário idealizador da rádio, será a primeira diretora da empresa.

Surgem os programas de auditório, as reportagens, os jornais falados, os programas de esportes. O repórter Babaró – apelido de Álvaro Celso da Trindade – transmite da mina de Morro Velho, a 2.000 metros de profundidade. Anuncia, com orgulho, que a reportagem é "um furo, uma conquista e uma vitória da emissora". De fato, para a incipiente tecnologia radiofônica, essa transmissão representa a realização de um sonho, na época.[133]

ORQUESTRAS, CANTORES, AUDITÓRIO

A *Roda da Vida* focaliza o cotidiano da cidade e seus problemas – iluminação deficiente, buracos nas ruas, dificuldades no trânsito, precária assistência à saúde da população, etc. –, demandando soluções por parte das autoridades. Álvaro Celso da Trindade idealizou o programa e é seu redator. Diariamente, às 21 horas, uma crônica é magnificamente lida pelo locutor Orlando Pacheco.

Com sua túnica branca, gorro branco, de andar desajeitado, Homero Varela de Brito é o "carrasco". Atento ao sinal de Rômulo Paes, ele interrompe com uma "gongada" a apresentação do calouro desafinado. O auditório está lotado.

Esses programas fazem surgir orquestras, conjuntos de música, grupos de teatro. Marcha, samba, baião, bolero, todos têm espaço nos programas de auditório. "Neles são lançadas gravações de sucessos, realizam-se sorteios, narram-se histórias de vida e apresentam-se calouros, cantores amadores, que, não poucas vezes, tornam-se grandes astros".[134]

---

[133] CUNHA. A história da Rádio Guarani e do radiojornalismo.
[134] RODRIGUES, Marly. A década de 50, pp. 36-37.

Em 1942, os estúdios da Rádio Guarani são transferidos para o prédio do Jockey Club, na Rua da Bahia com a Avenida Álvares Cabral. A emissora passa a pertencer aos Diários e Emissoras Associados e a ser dirigida por Dario de Almeida Magalhães.

Rômulo Paes recebe influência da Rádio Nacional, do Rio de Janeiro, que atinge todo o país. Ao veicular opinião e ilusões, a Rádio Nacional "levava aos lares as propagandas mais variadas, dos produtos de limpeza aos de beleza, das casas comerciais aos medicamentos".[135] Canções européias, principalmente italianas e francesas, chegam pelo rádio, bem como sucessos nacionais e latino-americanos.

Cantor e compositor de música popular, Rômulo Tavares Paes, que é formado em Direito, conduz o programa *Gurilândia*. Wilma Leal Arnaud, Baby Terezinha Vitor, José Lino são alguns dos nomes famosos lançados por meio do programa.

Vibrante e polêmico, Aldair Woyanes Pinto apresenta, de segunda a sexta-feira, o *Roteiro das Duas*, um dos mais famosos programas ao vivo do rádio mineiro. Nilsa Olímpia, Deise Guastini, Paulo Diniz, Clara Nunes, Agnaldo Timóteo foram revelações do programa, cuja abertura os ouvintes aprenderam a cantar:

> A Rádio Guarani/passa a apresentar/ o *Roteiro das Duas*/ Este programa moderno/Que toma conta da cidade/Com muitos prêmios/E muitas novidades/Para você/Para você/Um programa de valor/Com Aldair,/o maior animador.

Orlando Fialho Pacheco, o Pachequinho, é também animador de programas de auditório, de *A Hora dos Calouros* até os programas mais categorizados.

A Guarani possui quatro orquestras: de câmara, popular, típica e regional, com as quais realiza programas ao vivo. Nos programas de auditório, apresentam-se radioatores, patrocinados pelo comércio local. Assim, a renda das emissoras é garantida pelas propagandas de anunciantes, atentos ao nível de audiência.

A programação da rádio, nos primeiros anos, atinge principalmente os ouvintes que têm condições de adquirir aparelho receptor, recolhendo ao Departamento dos Correios a taxa anual de licença instituída pelo governo. Os ouvintes também freqüentam o auditório da rádio, na Rua Curitiba, o qual comporta cerca de 100 pessoas. Não se cobram ingressos, que são distribuídos nos pontos de bonde. Aos sábados e domingos, a programação atinge um público maior; Badaró irradia partidas do campeonato mineiro, com a disputa de velhos rivais: Atlético, América e Palestra Itália (hoje, Cruzeiro).

Além do auditório da Rádio Guarani, outros lugares de lazer recebem seu público: em 1939, é inaugurado o Cine Brasil, na Praça Sete de Setembro, com a exibição do filme *Deliciosa*, estrelado por Raul Roulien. O Cine Glória, na Avenida Afonso Pena, é, com freqüência, utilizado como teatro. Nele apresentam-se peças com Procópio Ferreira, Palmerim Silva, Eva Tudor. O Teatro Municipal, na Praça Alberto Deodato, é uma casa de espetáculos que fará história na cidade. Irá transformar-se no Cine Metrópole, que será demolido nos anos 80. O Cineteatro e Ginásio Paissandu, de freqüência popular, localizado na Praça Vaz de Melo, na entrada do Bairro da Lagoinha,

---

[135] Idem, Ibidem.

é palco de variadas atividades. Lá acontecem desde lutas livres de "catch as catch can", vôlei, basquete, sessões cinematográficas, até festas anuais de formatura, por atacado, dos cursos primários oficiais da capital.

Na Guarani, dramas e problemas da população transformam-se em peças radiofonizadas: F. Andrade dirige a equipe de radioteatro. Suas peças são apresentadas, quase sempre, pela radioatriz Maria Sueli: são novelas que seduzem os ouvintes. Em 1935, Maria Sueli se torna a primeira locutora mineira; moça de classe média, seu nome é Branca Margarida Tolentino, usa o pseudônimo para se proteger dos preconceitos contra o trabalho da mulher no rádio. Iniciou sua carreira no teatro da Rádio Mineira. Além do radioteatro, brilha como cantora, locutora, auxiliar na animação de programas de auditório. Em Brasília, apresenta-se numa serenata para o Presidente Juscelino Kubitschek, acompanhando um grupo de artistas de Belo Horizonte; entre eles, Roberto Márcio, Aldair Pinto, Clara Nunes, Agnaldo Timóteo, Vilma de Oliveira, Daise Guastini. A serenata daria ensejo, no dia seguinte, a um churrasco, que acabou sendo cancelado em virtude da Revolta de Aragarças.[136]

Nos anos 50, Waldomiro Lobo apresenta o programa *Prova de Fogo*, que, a cada semana, homenageia um bairro da cidade, transmitindo música ao vivo, informações e entrevistas com os moradores. Em 1968, a Guarani volta a transmitir ao vivo, quando os movimentos estudantis atingem as ruas, sucedendo-se os choques com a polícia. Entretanto, o Ato Institucional nº 5, de 13 de dezembro daquele ano, silencia as reivindicações populares e a liberdade de expressão.

Os anos 60 introduzem mudanças profundas na programação da emissora. Em 1965, José Mauro, diretor de programação, cria como base a matriz "música, esporte e notícia".[137] Os noticiaristas são chamados primazes; os repórteres de esportes, linces; os disc-jóqueis recebem a denominação de disque-jovens. As inovações levam a emissora a ganhar o primeiro lugar em audiência nos anos de 1966, 1967 e 1968.

A equipe de jornalistas é reforçada com a contratação de André Carvalho, Dirceu Pereira, Alberto Decat, Vargas Vilaça, Getúlio Milton, Estácio Ramos, Jaime Gomide, Hélio Batista, Simphronio Veiga, Carlos Felipe, Tancredo Naves, Assad de Almeida, Teixeira Neto, Damasceno Nogueira, Antônio Augusto, João Bosco, Aldair Pinto, Moreira Sobrinho, Fagundes Murta, Ronaldo Nascimento e Roberto Elísio.

Em 1980, funda-se a Guarani Rural Onda Verde, com programação voltada para a população do campo. Mais tarde, o Estado assume a Rural Onda Verde, implantando-a na Rádio Inconfidência. Será inaugurada a Guarani FM, voltada para a música erudita.[138]

A emissora, com a programação reestruturada, será dirigida pelo jornalista Rubens Silveira. Surge outra locutora mineira, também pioneira no rádio: Zilma Brandão, apresentadora do programa *Senhora Madrugada*. Marcam, ainda, a programação *A Hora do Ângelus*, com Aquiles Júnior, e Bentinho do Sertão, no gênero serta-

---

[136] Entrevista de Branca Maria Tolentino concedida ao autor. A Revolta de Aragarças foi promovida pelos militares contra o Presidente Juscelino Kubitschek, em 1955.
[137] CUNHA. A história da Rádio Guarani e do radiojornalismo, pp. 44/46.
[138] CUNHA. A história da rádio Guarani e do radiojornalismo, p. 46.

nejo. Os sentinelas da Guarani, na modalidade de plantão jornalístico, mantêm a atenção nas notícias e nos fatos do cotidiano em Belo Horizonte, no país e no mundo.

UM MÉDICO DESCOBRE O RÁDIO

Em 1937, parece que o Brasil vai emergir da possibilidade de um golpe de Estado. Em Belo Horizonte, concentrações populares aclamam dois homens públicos em evidência na oposição a Getúlio Vargas: Artur da Silva Bernardes, líder do Partido Republicano Mineiro – PRM -, e Armando Salles de Oliveira, líder da União Democrática Brasileira - UDB.

A Guarani transmite uma solenidade partidária diretamente do Teatro Municipal, em que fala Artur Bernardes. Pouco depois, irradia um comício em que Armando Salles, da sacada do Grande Hotel[139], dirige-se aos manifestantes. Essas concentrações representam o inconformismo com relação às medidas autoritárias do governo central. O apelo pela restauração das liberdades democráticas é silenciado em 10 de novembro de 1937. Uma marchinha carnavalesca do ano, vitoriosa, em um concurso instituído por uma emissora do Rio de Janeiro, prevê, com humor, o desfecho: "O homem quem será,/Quem seria, dos candidatos falados,/ o sucessor de Getúlio?/ Será seu Manduca [Armando Salles] ou será seu Vavá [Oswaldo Aranha]?/ Entre os dois meu coração balança,/ porque na hora H/ quem vai ficar é seu Gegê [Getúlio]".

Theófilo Pires, contratado em 1936, é o primeiro locutor da Rádio Guarani; é ele quem transmite a movimentação política de 1937. "Para mim, confesso, foi dupla a decepção: a de democrata que desejava e torcia pelas eleições livres e a de jovem estudante de Medicina, a quem a direção regional da UDB propôs a tarefa da apresentação do programa de rádio, mediante um pagamento de cachê".[140] Theófilo Ribeiro Pires nasceu a 29 de março de 1916, em Coração de Jesus, cidade situada no Norte de Minas. No terceiro ano de Medicina, submete-se a um teste para locutor na Rádio Guarani e é aprovado entre dezenas de candidatos, em sua maioria estudantes universitários e profissionais liberais.

Entre 1937 e 1942, interrompe suas atividades no rádio e abre um consultório na cidade de Montes Claros. Em 1942, retorna à capital, recebe um convite da Rádio Guarani e volta a integrar seus quadros, agora como chefe da equipe de locutores. Em 1947, como médico sanitarista da Diretoria de Saúde Pública do Estado, vai a Londres, a fim de se especializar. Retorna em 1948, e seu primeiro trabalho na Guarani será transmitir a inauguração do Cine Acaiaca, na Avenida Afonso Pena.

Suas lembranças se ancoram nas pessoas com quem trabalhou. O "rádio é uma espécie de luz acesa, que atrai também mariposas e insetos ... Tanto nas planícies quanto nas altitudes, alguns com a notoriedade subindo à cabeça, sentiam-se ídolos: quando o mito ia se desfazendo, perdiam-se no vício do álcool..." De seus colegas radialistas, "uns encontram-se silenciados para sempre; outros, aposentados".

---

[139] Este prédio, situado na Rua da Bahia com a Avenida Augusto de Lima, foi demolido, e, em seu lugar, foi construído o Edifício Arcângelo Maletta.
[140] Depoimento de Theófilo Ribeiro Pires ao autor.

GENTE MUITO FAMOSA

Theófilo Pires lembra nomes que fizeram história no rádio mineiro: Ramos de Carvalho submeteu-se ao concurso para seleção do primeiro quadro de locutores da Rádio Guarani. Foi bem classificado e convocado para trabalhar ainda nos primeiros meses da emissora. Poeta e sonhador, manteve o *Programa do Sonho e da Felicidade*. Transferiu-se, mais tarde, para a Rádio Inconfidência, para a Tupi do Rio e, por ocasião da Segunda Guerra Mundial, para a BBC. Quando regressou a Belo Horizonte, fundou duas pequenas emissoras, mas transferiu a outros a propriedade delas. Residiu em Brasília, onde se envolveu em trabalho de ordem religiosa.

João Leite Filho foi, de 1936 a 1940, seu colega de Medicina e de locução. Diplomado, seguiu para São Paulo. Seu gosto pelo rádio já existia quando se profissionalizou: possuía uma pequena estação transmissora clandestina. Era seu *hobby*.

Júlio César Martins também participou do primeiro quadro de locutores da Guarani. Dedicou-se ao lado comercial do rádio, trabalhando como corretor de publicidade. Em 1936, escrevia crônicas que, esporadicamente, eram por ele lidas.

Hermínio Machado foi outro dos mais expressivos nomes do rádio mineiro: reunia sobriedade, cultura e voz. Foi marcante sua participação na Guarani.

Jonas Garret veio do Rio de Janeiro e para lá acabou voltando. Participou do *cast* da Rádio Globo, foi locutor de estúdio e de jornais falados; era companheiro de Theófilo Pires nas apresentações dos jornais preparados por Luiz de Medeiros, feitas diretamente da cabine da Guarani instalada na redação dos Diários e Emissoras Associados, na Rua Goiás.

Leopoldo Bambirra, com tradição de seriedade, correção e responsabilidade, desempenhou a função de assessor no Palácio da Liberdade.

Honório da Silveira Neto integrou o corpo de redatores de noticiosos e programas da Guarani e foi professor da Faculdade de Direito da Universidade Federal de Minas Gerais.

Pedro de Bello produzia programas de sucesso. Escrevia muito bem, estudava Medicina e trabalhava em rádio. Continua trabalhando, e com muito sucesso, na profissão escolhida: Medicina.

Hernando Aramuni era uma silenciosa e enigmática figura que apareceu na Guarani; tinha prática de redação para rádio; ali ficou alguns anos, e depois desapareceu.

J. da Silva Vital era um moço modesto, morava no Bairro da Pompéia; enveredou na produção de programas para o rádio e saiu-se muito bem na Guarani. Recebeu convite e seguiu para São Paulo, onde ficou. Lá, na Rádio Record, era o mestre-de-cerimônias de um concurso de bandas de música, ao vivo, de grande sucesso.

Antônio Vasconcelos, advogado, foi o segundo superintendente da Guarani. O primeiro, na ordem cronológica, foi Dona Ana Luíza de Souza Barros, que assinou a carteira funcional de Theófilo Pires.

José Olímpio de Castro Filho, advogado, antecedeu Theófilo Pires na superintendência da emissora.

Hilton Renault foi locutor comercial e esportivo da Guarani. Era o companheiro de Babaró nas irradiações de futebol. Acadêmico de Direito, começou como apresentador de programas de estudantes. Acabou ficando. Vitorioso, esforçado, consagrado.

Helionice Rabelo Mourão era um extraordinário locutor, lembrava Oduvaldo Cozzi ao microfone. Para grande pesar dos colegas e amigos, faleceu ainda jovem.

Miranda Júnior tinha um agradável timbre de voz; lançou um programa que permaneceu no ar por muitos anos, mesmo após sua morte: *Noites Que Não Voltam Mais*.

José Machado, locutor, transferiu-se para o rádio carioca.

Zeno Santa Rosa era médico e cantor. Sua voz e seu repertório lembravam Francisco Alves. Alto, *pince-nez* sobre o nariz, era uma pessoa interessante. Participava, com grande sucesso, dos programas de auditório da Guarani.

Figura singular do rádio, Waldomiro Lobo era o Chico Fulô, que animava programas de auditório, cantava paródias e declamava poemas sertanejos. Era lutador no estádio do Cine Paissandu. A história de sua vida encheria páginas. Foi colega de Theófilo Pires no rádio e na política.

Luiz de Carvalho era irmão de Ramos de Carvalho. A família era de Diamantina. Luiz começou como cantor, depois passou a locutor. Viveu no Rio de Janeiro. Sua irmã, Maria Helena, também fez carreira no rádio: esteve em Londres, como locutora da BBC.

Adelchi Leonello Ziller, locutor de transmissões esportivas, dirigiu a Guarani quando já estava instalada no Palácio do Rádio: bom companheiro, espírito aberto ao diálogo, escreveu um livro intitulado *A Marcha contra o Golpe*, focalizando a vitoriosa campanha de Juscelino Kubtischek de Oliveira à Presidência da República.

"Merece referência especial o diretor artístico da Rádio Guarani, que organizava a programação musical com gravações de uma discoteca bem sortida e catalogada, da qual era muito cioso; tanto, que afixou o seguinte cartaz: 'Não se emprestam discos nem ao Dr. Assis Chateaubriand'. Era Roberto Ceschiatti" – conta Theófilo Pires.

E acrescenta que deseja prestar tributo àqueles que trabalharam nas equipes técnicas do rádio e da televisão. "Nem por ficarem fora dos focos de luz devem ser esquecidos. O grande público não os vê. Ignora seu nome, sua existência, mas nós, que sabemos seu valor, devemos proclamá-los. Vitor Purri é exemplo típico. Sempre manifestou queda pela eletrônica. Estudou Engenharia e diplomou-se como engenheiro civil, mas foi, acima de tudo, um mestre da Engenharia Eletrônica. Ingressou no rádio como operador de cabine, executando a tarefa simples de colocar no prato rolante e sob a agulha o disco com a música anunciada pelo locutor. Coube-me reconhecer seu valor técnico e moral. Assinei, como superintendente da emissora, sua carteira funcional, que ele, não sei por quê, me devolveu ao deixar a emissora. Guardei-a, não sei por quê. O que sei é que lhe devolvi, dezenas de anos depois. Nesse interregno, tive a oportunidade de indicá-lo ao Dr. Newton de Paiva Ferreira, então Diretor-Geral dos Diários e Emissoras Associados de Minas, para dirigir os trabalhos de montagem da TV Itacolomi. Tarefa plenamente cumprida. Vitor foi convidado para ser o Diretor-Geral dos Diários Associados de todo o Brasil, fez viagens ao exterior, especialmente à Inglaterra, para debater com os cientistas os avanços da eletrônica. Tem firma particular, é fabricante de aparelhos eletrônicos que medem a pressão arterial, registrando a máxima e a mínima, e também o teor de açúcar no sangue, exibindo, em dígitos, os resultados imediatos. Somente não contenho o entusiasmo que sinto por esse homem cuja capacidade pressenti quando nos conhecemos numa emissora de rádio".

Antônio Nascimento, da primeira equipe técnica da Rádio Guarani, fez parte da Força Expedicionária Brasileira na Itália, na Segunda Guerra Mundial.

José Maria de Oliveira era um modesto e competente rádio-operador.

Antônio de Souza, o popular Manequim, apelido que lhe foi posto pelos radialistas devido à dessemelhança com Anthony Quinn, artista de bela aparência, era um modesto servente da Guarani. Trabalhou muito tempo apenas por se sentir bem no ambiente dos radialistas. Morreu cedo. "Foi uma das mais simples, modestas e puras criaturas que conheci".

Paulo Nunes Vieira, um admirável radialista; trabalhava como operador, foi para o estúdio, como locutor, e, finalmente, para os gabinetes de direção de emissoras do Rio de Janeiro e de Brasília. Faleceu prematuramente.

Fernando Barroca Marinho, um dos maiores talentos do rádio mineiro, foi diretor artístico da Guarani e da Mineira. Exerceu, por alguns anos, o cargo de delegado de um dos institutos de previdência.

Ramon Lago foi redator de programas e jornais falados e Diretor das Emissoras Associadas Guarani e Mineira.

Ibrahim Houri, locutor da Rádio Guarani, tinha voz cheia, agradável. Passou, depois, para a Inconfidência, onde exerceu cargo de diretor.

Ruy Martinez, Djalma Pimenta, Roberto Blasco e Arrigo Buzzachi eram os maestros das orquestras de danças das Rádios Guarani e Inconfidência.

Fausto Sant'Ana, locutor da Guarani, trabalhou na TV Itacolomi, como apresentador de noticiosos.

Getúlio Milton Felicíssimo foi outro nome de expressão na locução comercial e de noticiosos da Rádio Guarani e da TV Itacolomi. Participou da direção da Guarani.

Roberto Márcio Pontes Ferreira foi um locutor padrão. Atuou na Rádio Guarani e na TV Itacolomi.

"Minha memória não é precisa quanto à emissora em que conheci o Paulo Scalabrini. Inconfidência? Mineira? Guardo a impressão de sua estatura física avantajada, de seu temperamento calmo e cordial, de sua sóbria atuação ao microfone."

Armando Alberto Regini veio de Ribeirão Preto para chefiar o departamento de esportes da Rádio Mineira. Depois, sua programação foi mudada para oferecer uma opção aos poucos ouvintes que não desejassem a vibração da Rádio Guarani.

Francisco Lessa foi locutor das Rádios Mineira e Inconfidência. Era sóbrio, correto, competente.

Heros Eduardo de Campos Jardim foi locutor da Rádio Mineira. Era compenetrado, sóbrio, culto. Foi juiz do Tribunal Regional do Trabalho.

Paulo Lessa, das Rádios Mineira e Inconfidência, era considerado dos melhores locutores de Minas Gerais. Como servidor do Estado e advogado, submeteu-se a concurso e foi nomeado delegado de polícia.

Afonso de Castro, locutor da Rádio Mineira, animava dois programas de auditório semanais: *Este Mundo É um Hospício* e *Do Mundo Nada Se Leva*.

General de Barros foi também locutor da Rádio Mineira. "General" era nome próprio. Formou-se em Medicina. Era locutor sóbrio, de voz cheia e grave, contrastando com sua pequena estatura.

P. Luiz (o Luiz Panzi) era excelente ator, radioator e dirigente do conjunto de radioteatro da Rádio Mineira. Milton Luiz Panzi era filho dele. Odontólogo, foi um correto locutor da Rádio Mineira e da TV Itacolomi.

Abílio Lessa - Abílio d'Alvarenga Lessa Filho - foi cantor, locutor, integrou a Força Expedicionária Brasileira na Itália. Diplomou-se em Medicina.

"Ximbica (Maria de Jesus) era, para quantos freqüentavam o Palácio do Rádio, na Avenida Assis Chateaubriand, um tipo muito popular. Ximbica e seu carrinho de frutas. Ximbica e a menina que dizia ter adotado, criancinha que dormia na parte baixa do carrinho de frutas. Antes de se estabelecer, Ximbica foi a macaca-de-auditório típica. Não faltava aos programas, com suas palmas, seus gritos, seu entusiasmo sincero. Ximbica se foi de repente, deixando o carrinho de frutas e a menina."

Theófilo Pires continua:

"Caxangá, o improvisador cantor de emboladas, nordestino que se radicou em Minas. Figura indispensável nos programas juninos, nos comícios eleitorais, nas exposições regionais de gado. Manteve programa na Rádio Itatiaia, onde descobriu e valorizou as duplas sertanejas. As lojas de discos ostentam alguns com gravações de Caxangá. De todas, agrada-me sobremodo a prece ao Senhor para chover no Ceará."

E recorda grandes nomes da Rádio Inconfidência:

Anete Araújo, locutora e radioatriz; excelente voz, inteligente interpretação.

Ulpiano Chaves, locutor, formado em Direito, descendia de tradicional família montes-clarense.

Olímpio Teixeira Guimarães manteve, por muitos anos, um programa semanal de esclarecimentos sobre os direitos trabalhistas. Era advogado. Por concurso, tornou-se juiz do Tribunal Regional do Trabalho. Teve morte prematura. Foi exemplo típico do "self-made-man". Inteligentíssimo, corretíssimo, sempre disposto a servir.

Walter Coscarelli foi, durante algum tempo, locutor da *Voz do Brasil*, noticiário radiofônico do governo federal. Engenheiro, constituiu sua própria empresa.

Theófilo Pires recorda o mestre Aires da Mata Machado Filho: "Hesito em classificá-lo como radialista, mas não posso deixar de fazê-lo. O professor Aires manteve, durante anos, uma crônica ao microfone da Rádio Inconfidência. Era no meio do meu período de atuação. Lembro-me dos dedos deslizando sobre os pequenos acidentes do alfabeto Braille e a voz traduzindo para os ouvintes o grande saber de um consumado mestre da língua portuguesa."

Souza Júnior: sóbrio e correto locutor da Rádio Inconfidência, nas transmissões dos eventos oficiais. Foi o redator-apresentador de *A Sua Crônica*, ao meio-dia e meia. Era professor de língua portuguesa. Atuou na BBC de Londres.

Luiz de Bessa, professor, e Narbal Mont'Alvão, advogado, foram diretores da Rádio Inconfidência.

"Jairo Anatólio Lima e seu saudoso irmão, outro radialista de valor, Jugurta, são filhos do agrônomo João Anatólio Lima, que idealizou e produziu, durante muitos e muitos anos, a *Hora do Fazendeiro*. Fui o locutor do programa durante 3 anos. Nele havia até fórmulas médicas para curar animais doentes, cujos sintomas eram descritos em carta ao Dr. João. De Jairo, direi apenas uma recordação pessoal. Era meninote. Quando fui locutor da Inconfidência, mais de uma vez, eu o vi, através do vidro, olhando-me falar, prestando atenção. Quem diria que ali estava o futuro grande locutor esportivo, demonstrando a atração que, sobre seu espírito, exercia a tarefa executada por um antecessor..."

Aquiles Júnior era do Noroeste de Minas. Transferiu-se depois para a Rádio Guarani. A admiração de Theófilo Pires por ele "cresceu pela sinceridade patente na execução da tarefa da conclamação dos espíritos para as coisas do Alto".

Usando o pseudônimo de Dindinha Alegria, Magda Ladeira Martins manteve, por muitos anos, em horário vespertino, um programa infanto-juvenil, ao vivo. Normalista, técnica de Educação, fez época e cultivou várias vocações artísticas. "Cito apenas uma: Maria Lúcia Godoy. Por volta de 1939, 1940, Maria Lúcia Godoy foi uma das sobrinhas de Dindinha Alegria a se destacar no programa. O acompanhamento ao piano era sempre feito pela talentosa Ceci Pinto".

Marco Aurélio Felicíssimo foi diretor da Rádio Inconfidência. Foi locutor "e dos bons, culto e responsável". Esteve na Inglaterra, atuando na BBC. Lá aperfeiçoou seu inglês, aprendido nos cursos da Cultura Inglesa de Belo Horizonte.

Mais nomes continuam sendo lembrados:

Waldomiro Constant, o Miro do Cavaquinho, nasceu em Salinas, Norte do Estado, era de família humilde. Esteve no México.

Oliveira Duarte foi "excelente profissional, tinha ótimo timbre de voz. Parece-me que atuou em duas ou três emissoras".

Vicente Vono, médico, fez enorme sucesso com o personagem Compadre Belarmino; era extraordinário contador de anedotas caipiras.

"Sanica: não me recordo seu verdadeiro nome, tanto o pseudônimo artístico marca e se apossa da pessoa". Compositor, cantor, violonista, dedica-se à música sertaneja. Já foi parceiro de duplas. Organizou *shows* e festivais.

"Curió: também neste o apelido ficou mais forte que o nome. Fez parte de uma dupla sertaneja: Curió e Canarinho. De alguns anos para cá, trocou os palcos e tablados pela igreja, e as músicas que interpreta falam apenas de temas bíblicos."

Bernardo Grimberg era uma figura do rádio e da televisão. Apresentou, na TV Itacolomi, um programa cultural com os melhores alunos dos colégios belo-horizontinos. "Programa sério, rigoroso, em que a competição se fazia em alto nível."

Radialista polivalente, Vitor Couri era locutor, redator e diretor.

Enock Passos foi a revelação dos novos tempos: bela voz, grande cultura, era noticiarista e tinha magnífica interpretação de textos.

Alair de Almeida foi locutor, chefe de equipe, apresentador de notícias.

Não posso deixar sem uma palavra Jorge Azevedo, intelectual que escreveu para nossas emissoras a *Vitrine Literária*, cujos capítulos constam em seu livro *Caderno de Lembranças*".

Tancredo Antônio Naves era comentarista nas transmissões esportivas. Notável pela segurança, dicção, propriedade da linguagem. "Um dos colegas de maior expressão na classe."

Hegler Brant Aleixo, locutor de apreciável voz e cultura, participou de irradiações esportivas.

Álvaro Alvim era locutor de programas ao vivo, do gênero popular. Atravessava as noites comandando a programação para ouvintes insones ou trabalhadores noturnos.

Geni Morais era delicada figura feminina; dedicou-se ao rádio fazendo um pouco de tudo: grande cantora (sambista), radioatriz e locutora.

Geraldo Tavares era o pseudônimo de Geraldo Matias Alves. Começou no rádio como integrante e dirigente do Quarteto de Ouro: ele e os três irmãos Silva. Depois, passou a dirigir a discoteca. Posteriormente, organizou os cadernos com os textos de publicidade a serem lidos pelos locutores. Cantor, participou dos programas saudosistas, como *Noites Que Não Voltam Mais*. Gravou discos com músicas de sucesso, algumas inéditas.

Dênio Moreira foi deputado estadual e um dos maiores locutores do rádio e da TV. "Memoráveis as apresentações do 'Boliche', que distribuía prêmios aos concorrentes vitoriosos. A popularidade conquistada no rádio ajudou suas consecutivas eleições para a Assembléia Legislativa."

Brás Ferreira era radioator e ator, com a sua vitoriosa criação, o Coronel Apolinário. "De todos os radialistas, sempre me pareceu o que mantém mais permanentemente vivo o espírito de classe." Ex-radialista, foi funcionário da Universidade Federal de Minas Gerais.

"Permitam que eu cite alguns nomes mais: Ney Nils Neves, locutor da Guarani; Nelson Thibau, que teve um programa dominical de auditório também na Guarani, no tempo da Rua da Bahia, 1.201. Fernando Sasso, que foi expressão no terreno esportivo da televisão, vereador e Secretário Municipal de Turismo; integra o *cast* da TV Globo, encarregado de fazer transmissões internacionais. Milton Colen, também integrante de equipes esportivas locais, transferiu-se, mais tarde, para a Bahia e São Paulo; Altamirando, que veio do Nordeste e para lá retornou, deixando amigos".

"Percebo, agora", diz Theófilo Pires, "que muitos, muitíssimos outros nomes de radialistas, vivos e falecidos, poderiam e deveriam ser citados, mas este não é o propósito deste depoimento. Nem sou eu, bem sei, o único radialista solicitado a fixar, para o futuro, o rádio do passado. Nunca tive o cuidado de anotar nomes, datas, fatos e ocorrências. O que me vem é a pesca memorial em passado já brumoso, onde vozes em surdina são suspeitas e imagens esgarçadas passam como farrapos de nuvens em céus cinzentos. Por mais que me esforce, não consigo identificar e nominar esses vultos e vozes que estão lá, no tempo que não volta mais..."

O NOME DO DIA

A crônica é um gênero literário que fez sucesso no rádio brasileiro, desde sua criação até o início dos anos 60.

Theófilo Pires, durante muitos anos, escreveu e apresentou a crônica *O Nome do Dia*, em que "exaltava atos e feitos de pessoas" que considerava significativos. A crônica terminava sempre assim: "E é por isto que digo frente a este microfone: 'Fulano de Tal', o nome do dia". A última crônica recebeu o número 7.334.

O critério para a escolha de um nome é a presença da pessoa nos fatos relevantes do dia. As solicitações recebidas para "exaltar pessoas", sem a chancela do comprovado mérito, não eram atendidas. Grande parte das crônicas de Theófilo Pires reforça valores e crenças da época, evidenciando virtudes morais e cívicas.

A 12 de dezembro de 1949, iniciam-se as apresentações de *O Nome do Dia*, homenageando a data de aniversário da cidade de Belo Horizonte. Em 1953, lança-se a primeira edição de 50 crônicas ilustradas, acompanhada do lançamento de um disco long-play, com a gravação de algumas delas.

A fundação da Rádio Guarani, nos anos 30, a segunda emissora a ser instalada em Belo Horizonte, representa, com sua programação eclética e inovadora, um momento luminoso na história cultural da cidade. Lauro de Souza Barros, fundador da rádio, declara:

> Poucas lembranças restam. Eu tinha tudo guardado. Fotos dos transmissores, dos artistas, de todo o mundo que trabalhou na Guarani. Até os *scripts* eu guardei. Houve uma grande enchente em Belo Horizonte, a casa foi invadida pelas águas, os documentos foram embora, levados pela enxurrada. Resta agora pouco, além de uma foto da casa inundada.[141]

Assinala o jornalista Hermínio Prates: "A exemplo do poeta para quem a cidade natal era 'apenas uma fotografia na parede', ao homem que tornou possível a transmissão de sonhos, risos e vida, também só resta uma foto, a foto da casa inundada".[142]

---

[141] PRATES, MINAS GERAIS, 6 set. 1987, Cad. Cultura, p. 11.
[142] PRATES, MINAS GERAIS, 6 set. 1987, Cad. Cultura, p. 12.

Inconfidência de Minas Gerais

Belo Horizonte, início dos anos 30. Para os segmentos mais favorecidos, a vida passa calma e despreocupada. A população, contida entre montanhas, vive seu tempo. Tempo de trabalho, lazer e luta cotidiana, sem a ajuda de aparato tecnológico sofisticado. No bucolismo da cidade, o rádio provoca admiração e encantamento, dando os primeiros passos na constituição de sua história.

Em 3 de setembro de 1936, ocorre a emissão do primeiro programa de estúdio, preparado para a noite de inauguração da Rádio Inconfidência, emissora oficial do Estado. Ela está sendo instalada pelo governador Benedito Valladares, no prédio da Feira Permanente de Amostras, na Praça Rio Branco, no início da Avenida Afonso Pena. A festa de inauguração conta com a presença do idealizador da emissora, Israel Pinheiro, Secretário de Agricultura, Comércio, Indústria, Viação e Obras Públicas.

O cotidiano da cidade é carregado de acontecimentos. Giácomo, respeitável casa lotérica, vendera o bilhete nº 6.215, que foi premiado com 300 contos de réis. Na Casa D'Itália, Artur Savassi, condecorado pelo governo italiano, é homenageado com um banquete pelos bons serviços prestados à Itália em Belo Horizonte. O Vereador Alberto Deodato fala na Câmara Municipal, defendendo a liberal-democracia, em reunião conduzida pelo então Presidente da Câmara, Antônio Aleixo. Os jornais do dia comentam um problema inusitado: nas eleições de 7 de junho, em Uberaba, deu empate. Na Faculdade de Direito, o escritor Tristão de Athayde faz conferência, enquanto aguarda a instalação do Congresso Eucarístico Nacional. O time de futebol Vila Nova Esporte Clube vence o Palestra Itália (hoje, Cruzeiro) por 8 x 2. O América mineiro empata com o Fluminense Esporte Clube. Cristiano Machado recebe cumprimentos por sua nomeação para o cargo de Secretário da Educação. Benedito Valladares recebe o comunicado de que embarcou no Rio, vindo para Belo Horizonte, o Cardeal D. Sebastião Leme, que, como delegado do Papa Pio XI, participará do Congresso Eucarístico Nacional. A guerra civil espanhola continua: Madri e Burgos foram severamente castigadas com os bombardeios. Os jornais anunciam que está marcada para este mês de setembro uma Assembléia Geral da Liga das Nações. A Câmara dos Deputados decreta o fechamento da Ação Integralista Brasileira, por meio de documento elaborado pelo Deputado Amaral Peixoto. Finalmente, neste dia movimentado da inauguração da Rádio Inconfidência, o Atlético ganha do Vila por 3 x 2, com renda de 22.600 réis, a maior já verificada em jogos de campeonato.[143]

Três meses antes, José Carlos Lott, o Ximango, e outros operários haviam montado as torres dos transmissores da Rádio Inconfidência, no Bairro da Gameleira. Lá ele se instala, na casa dos transmissores, para acompanhar a primeira emissão e cuidar da aparelhagem. Ximango, símbolo histórico dos operadores de rádio, viria a ser companheiro de Compadre Belarmino, um médico chamado Vicente Vono, contratado por Israel Pinheiro para fazer programas sertanejos na Inconfidência, depois de ouvi-lo contar piadas em uma festa.[144]

Depois de receber o Núncio Apostólico Aloísio Magela, que veio instalar o II Congresso Eucarístico Nacional, o Governador Benedito Valladares deixa o Palácio da Liberdade e segue para a Praça Rio Branco. Sobe as escadas do prédio da Feira de Amostras e se posta diante do imponente microfone, cujo tamanho chama a atenção, contribuindo para aumentar o mistério e as indagações das pessoas presentes sobre o rádio, então pouco conhecido.[145]

A INCONFIDÊNCIA NO AR

Às 19 hs e 30 min, Benedito Valladares começa a solenidade de instalação da Rádio Inconfidência. Estão presentes Wenceslau Braz, ex-Presidente da República; Odilon Braga, Ministro da Agricultura; o Senador Ribeiro Junqueira; Israel Pinheiro; membros do episcopado nacional e secretários de Estado. Estão previstos discursos de Benedito Valladares, Wenceslau Braz, Ribeiro Junqueira, Augusto Viegas, Frei Luiz de Santana, Bispo de Uberaba, Mário Matos, Genolino Amado, Gusmão Júnior, Dorinato Lima e Martins Prates. No momento da inauguração, Benedito Valladares se coloca à frente do microfone, e ouve-se o Hino Nacional, executado pela orquestra da emissora oficial.

O povo se comprime nas escadas da Feira e se aglomera na Praça Rio Branco, tocado, ainda, pela solene liturgia da abertura do II Congresso Eucarístico Nacional, na Praça Raul Soares. O fascínio que o rádio desperta toca os corações, e uma curiosidade mágica reúne pessoas e impulsiona indagações. A Rádio Difusora Inconfidência transmite, e agora o som sai pelos alto-falantes espalhados pela praça. A presença de membros do episcopado brasileiro e de católicos de todo o país vindos para o Congresso Eucarístico prestigia a inauguração.

O locutor anuncia o discurso que será proferido por Wenceslau Braz:

> Nesta hora trágica do mundo, em que se ouve um rumor infernal, que aterroriza as almas e ultraja o céu, em que uma formidável corrente diabólica lança ondas de atentados contra a família, contra a religião, contra a pátria, como é belo e

---
[143] O TUCANO. Jornal mensal da Rádio Inconfidência. Ano I, nº 1. Belo Horizonte, março de 1985, p. 3.
[144] FIGUEIREDO, Maristela Alkmim. Ximango – a Volta do Filho Pródigo. O TUCANO, p. 8.
[145] MINAS GERAIS, 4 set. 1936, p. 9.

> confortador ver-se o espetáculo que presenciamos, neste momento e nesta capital. Os poderes políticos homenageando o eminente representante da Santa Sé e todos os católicos aqui presentes inclinados em reverência à Bandeira Nacional. Religião e Pátria: benditas sejam elas em sua união de visitas e de ação, contra os profanadores dos lares, contra os profanadores dos templos, contra os profanadores da Bandeira Nacional. Benditas sejam elas na defesa integral dos princípios que bebemos no berço e que fecharão nossos olhos na hora extrema. Benditas sejam elas que constituem o muro invencível, a fortaleza inexpugnável, que há de aniquilar as hordas dos bárbaros, que, em sua faina satânica, incendeiam templos, mosteiros e cidades, matam mulheres e crianças, em verdadeiras caçadas humanas, que estão causando horror ao mundo inteiro.

O alvo do discurso são os comunistas, representados simbolicamente por "um rumor infernal" e uma "formidável torrente diabólica". São apontados como forças catastróficas, a serviço do mal, insurgindo-se contra a pátria, a família, a religião, tripé considerado de sustentação do Estado. O discurso assinala, também, a "faina satânica" dos comunistas, destruindo templos e símbolos de coesão social, como a bandeira, assassinando "mulheres e crianças", "bárbaros" que causam horror aos "civilizados". O apelo religioso contra os "profanadores" adquire uma nova freqüência: agora irá chegar aos ouvidos da multidão postada em frente à Feira de Amostras, com a ressonância amplificada pelos alto-falantes.

Mais adiante, o orador fala de Deus, da pátria e do povo:

> Na semana cívica, que, por uma resolução do alto, coincide com a Semana Eucarística, levantemos nossas mãos para o céu e digamos cheios de fé e de vontade: Pátria, defende teus lares, defende teu povo contra os assaltos dos vândalos de toda a ordem; católicos, defendei a bandeira de vossa Pátria querida contra o internacionalismo assassino, ao qual se associaram brasileiros degenerados. Pátria e religião, salve!

A pátria, tendo como suporte a religião, é conclamada para a defesa da população. O medo provocado pelo lema comunista e pelo "internacionalismo proletário" poderá ser combatido pela união de "Deus, Pátria e Povo". Esses e outros discursos, que, antes, atingiam poucas pessoas, por ficarem sepultados nas páginas de jornais, revistas, anais, agora terão um campo de propagação: o rádio.

O ex-Presidente Wenceslau Braz, ao falar na hora trágica do mundo, exalta a bandeira e a pátria, denuncia o internacionalismo e invoca a religião, enaltece a família e homenageia a Igreja, trabalhando com imagens de crise, marcas das revoluções de 1930 e 1932, bem como da tentativa comunista de tomada do poder em 1935. Pressente-se no ar uma onda de inquietação. Vive-se uma época que descortina transformações e enrijecimento do poder central. Em 1937, Vargas dará um golpe, implantando o Estado Novo, cujos ideais e planos estão sendo tramados na penumbra dos salões dos palácios governamentais, inclusive no Palácio da Liberdade, nome maculado pela conspiração, utilizado pelo hóspede eventual para servir de palco aos desígnios da aliança varguista. Fechado aos segmentos populares, o Palácio da Liberdade é aberto apenas à participação política dirigida para interesses pessoais. Benedito Valladares recebe telegramas das cidades do interior, cumprimentando-o pelas medidas tomadas, visando a reorganizar a política mineira. Reorganizar para atender a que parcelas da população? Centralizar para atender a que interesses?

A solenidade de inauguração da Rádio Inconfidência prossegue. Valladares ouve o locutor anunciar o discurso do Bispo de Uberaba. Mas D. Luiz não fala como Wenceslau Braz. Ele cumprimenta pela inauguração da emissora e saúda em nome do clero que participa do II Congresso Eucarístico Nacional. Salienta que a rádio irá unir mais o povo católico. O *Minas Gerais*, diário oficial do Estado, não dá detalhes de seu pronunciamento, embora o chame de "rápido e brilhante improviso". Breve, também, foi a fala do Deputado Dorinato Lima, Presidente da Assembléia Legislativa. Afirma que "a Rádio virá facilitar ainda mais a missão do Governo do Estado".

Mário Matos, presidente da Academia Mineira de Letras, leu uma saudação aos intelectuais brasileiros, chamando Benedito Valladares de "grande patriota" e de "governo forte". E apela para a defesa da unidade religiosa, moral, política e de pensamento. "Ao falar aos intelectuais de sua pátria", ele não inova o discurso: clama por unidade em torno de um governo forte e exalta o culto patriótico da manutenção do princípio de autoridade central, encarnado no governo da República. Destaca o patrocínio espiritual do Cardeal D. Sebastião Leme, legado pontifício.

O Deputado Augusto Viegas foi o orador seguinte. Depois de prestar homenagem aos "mártires da gloriosa epopéia da conjuração mineira", dirige palavras de saudação "às cultas populações de São João Del Rei, Bom Sucesso e São Thiago", sua terra natal, o que pressupõe uma tentativa de envolvimento de seus eleitores. E declara:

> Neste instante em que as nações se agitam em estranhos anseios, que os povos se batem em extenuante angústia e o mundo se contorce em terríveis convulsões no delírio dos criminosos extermínios, como na loucura de dantescos hecatombes e de vandálicas destruições, a Igreja, em sua extensão e universalidade, em sua prudência e saber, em sua energia e sua perseverança, em seu poder e sua realização, há de fortalecer a coesão, o prestígio e a confiança que nesta hora se impõem, no sentido de restabelecer, por toda a parte, o império da ordem, de se reaver o domínio da civilização e de se reconquistar o reinado da felicidade.

Outro orador, o escritor Genolino Amado, que deixou significativa literatura sobre o rádio na sua época, nomeia o rádio como "voz moderna da inteligência" e salienta que estava "vivendo um instante de poesia, a poesia que exprime o gênio do homem realizando, criando coisas novas e esplêndidas como a estação de *broadcasting* que começa a ser agora justo orgulho de Minas". Depois de citar Gonzaga, Alvarenga Peixoto, Cláudio Manoel da Costa, que "sonhavam o sonho da liberdade", afirmou que o rádio é "a poesia da vida moderna... a voz que tem o segredo de levar a emoção humana, em música ou em palavras, a todos os homens". E concluiu afirmando que "a Inconfidência estava amanhecendo nas montanhas mineiras, para sonhar a liberdade". Genolino Amado foi o único a exaltar a liberdade, num momento de opressão e crise, pelo menos como um sonho. Mas sonhar, naquele tempo, naquela sociedade, era temerário e perigoso. A conjuntura é de aguda crise política, com apelos para um governo forte.

O Deputado Augusto Viegas fala sobre a necessidade da presença da Igreja para fortalecer a coesão: o Bispo fora bem mais reservado. Os povos, realmente, debatiam-se em "extenuante angústia". A linguagem empolada, rebuscada, redundante, adjetivada assinala a complexa conjuntura que o país vive, próxima a uma situação ainda mais perversa: o Estado Novo. O mundo que se contorce "em terríveis convulsões" move-se, também, na teia de um acontecimento sinistro: a Segunda Guerra Mundial.

A FALA DE BENEDITO

Anunciado pelo locutor, Benedito Valladares se aproxima do microfone, retira do bolso o discurso e o lê: "Ao inaugurar a Rádio Inconfidência de Minas Gerais, tenho a satisfação de saudar o povo mineiro, formulando os mais ardentes votos pela prosperidade de seu trabalho profícuo no sentido do engrandecimento do Estado".

A tônica de seu pronunciamento é de apelo aos cidadãos pela coesão em torno de Getúlio Vargas, exortando à ordem, ao trabalho e ao amor à pátria:

> Minas atravessa uma fase austera de reconstrução e, por isso mesmo, exige de seus cidadãos grandes energias. Nós as sabemos dar, com abnegação, firmeza e serenidade, porque confiamos no futuro de nosso Estado, cheio de reservas morais e trabalhando pelo civismo de um povo, mais do que brasileiro. E em nome deste povo que deseja a grandeza de seu Estado e, mais que esta, a da Pátria comum, eu saúdo a todos os Estados da Federação, nas pessoas de seus governadores, animado pelo desejo de que todos os brasileiros, unidos num só pensamento em torno do Sr. Presidente da República, continuem a trabalhar pelos ideais da nacionalidade e de que não haja outra preocupação por parte dos homens de responsabilidade e de direção que não seja a de servir lealmente a esse povo ordeiro, trabalhador e patriota.

Valladares conclui saudando a comunidade católica pela realização do II Congresso Eucarístico Nacional. O poder civil e o eclesiástico aliam suas mensagens na conjuntura plena de antagonismo e polarização.

Encerrados os discursos, é apresentado um programa de estúdio, com pronunciamentos de presidentes das principais associações da capital. Em seguida, Benedito Valladares e sua comitiva dirigem-se ao restaurante da Feira de Amostras, onde participam de um jantar.[146]

---

[146] Estas informações e as que se seguem encontram-se no *Minas Gerais* de 4 set. 1936, p. 9.

BENEDITO NÃO ESTÁ NO AR: ELE SABE O QUE QUER

Valladares, em seu discurso, cuja transmissão atingiu boa parte do território nacional, salienta o "desejo de que todos os brasileiros, unidos num só pensamento em torno do Sr. Presidente da República, continuassem a trabalhar pelos ideais da nacionalidade". Estamos em um momento constitucionalista, com a Carta de 1934, que recupera a autonomia dos Estados. Os interventores dos Estados, nomeados por Vargas durante o seu governo provisório, entre 1931 e 1934, são agora eleitos governadores, numa eleição que se pode chamar de plebiscitária.

Valladares é um habilidoso político. Consegue controlar e manipular o acesso à elite política mineira, mantendo fidelidade a Getúlio. Talvez não esteja muito preocupado em ser leal ao modelo de integração nacional e de diminuição do poder dos Estados, como preconiza Getúlio. Entretanto, sabe que seu futuro político está vinculado ao Presidente e ao esquema burocrático-administrativo que transformara o regime e a política. Para Benedito, é de vital importância seguir as pegadas de seu chefe e dizer que compartilha de suas idéias. Afirma que é preciso "servir a Vargas com lealdade... Minas atravessa uma fase austera de reconstrução". O governo de Valladares, interventor em 1933, que avalizara as ações políticas centralizadoras de Getúlio, no governo provisório, mostra-se, em 1936, mais uma vez, disposto a manter o vínculo com o governo central e o grupo de militares que tem um projeto nacional, sem se preocupar muito com as oligarquias, mas convivendo bem com elas.[147]

Entre 1931 e 1934, Getúlio Vargas direciona sua ação política, objetivando a centralização do poder: cria condições, como chefe do governo provisório, para institucionalizar um aparato de Estado tendente à concentração, prejudicando a expressão federativa. Enfeixa, aos poucos, um poder discricionário nas mãos, centralizando cada vez mais a tomada de decisões políticas. Neutraliza, assim, a força regional e os interesses dos Estados. Entre 1935 e 1937, como presidente constitucional, forja os alicerces para a implantação do Estado Novo. A conjuntura expressa um campo de forças que enuncia um cenário propício a golpe de Estado. O grande tema mobilizador do período é o da ameaça comunista. As classes dirigentes acenam com o "perigo vermelho". Assim, antiliberais e conservadores, autoritários, cerceiam canais de representação popular, negando qualquer pretensão de ação política democrática. A abertura provocada pelo movimento armado de 1930 passa a ser considerada como um erro tático a ser corrigido.

O ano de 1936 emoldura articulações para o golpe: Francisco Campos elabora a futura Constituição, denominada "polaca" pela oposição; o General Eurico Gaspar Dutra inicia sua ascensão, que culminará com o cargo de Ministro da Guerra, no Estado Novo. Em 1937, Plínio Salgado, chefe integralista, sem o conhecimento das bases, alia-se a Vargas e coloca suas milícias à disposição do governo; generais de oposição são afastados de seus postos; a intervenção de Getúlio Vargas no Rio Grande do Sul obriga o Governador Flores da Cunha a se exilar no Uruguai. À exceção de

---

[147] Estas informações e as seguintes encontram-se em CARONE. Terceira República (1937-1945); p. 7-8.

São Paulo, Bahia e Pernambuco, os demais Estados consultados apóiam a conspiração getuliana.

Ao apoiar a idéia golpista, Benedito Valladares terá na Rádio Inconfidência um porta-voz submisso ao discurso oficial do poder central. O principal indício foi o patrocínio à candidatura presidencial de José Américo, nas eleições constitucionais de 1938. O incentivo a Valladares parte de Getúlio Vargas, para se contrapor ao presidenciável Armando de Salles Oliveira, representante da oligarquia paulista frente a outros Estados. Paralelo a esse processo constitucional, os subterrâneos conspiratórios vão estampando seus desígnios clandestinamente, demonstrando um falso percurso de harmonia social naquela conjuntura crítica.

Um motivo precipitador acelera o golpe: integralistas e militares lançam um documento falso, o Plano Cohen, atribuído aos comunistas, como projeto de tomada do poder. A eficácia do documento, forjado no interior do Exército, será alcançada por conformar uma imagem sempre usada pelas classes dirigentes, integralistas e militares - a do "perigo vermelho". Nos anos 30, essa imagem se torna um dos componentes-chave do imaginário político, com seus desdobramentos de "hecatombe" e "crise".

Forças civis e oposicionistas, pressionadas pelo governo e partilhando da crença em uma ameaça comunista, recuam, e o Congresso, mais uma vez, decreta medida de exceção: estado de guerra, que suprime, entre outras, as liberdades civis. Tal medida se voltará contra as próprias classes dirigentes que se opõem a Vargas; não, como anteriormente, contra o operariado e as camadas médias, já desmobilizados com a repressão, que, a partir de 1935, fecha sindicatos e partidos políticos, efetua prisões e torturas. O cenário de luta se estende, no momento, aos grupos dirigentes. O golpe de 10 de novembro marca a origem desse processo. O Estado Novo irá utilizar largamente o rádio como veículo de divulgação e propaganda junto à população, que receberá na própria casa, num tom intimista, as mensagens do ditador.[148] O rádio é um dos raros meios capazes de atingir também os analfabetos – à época, 70% da população brasileira.

No plano nacional, Valladares segue Getúlio Vargas e, no plano estadual, trabalha a união com a Igreja, tendo em vista interesses políticos. Para tanto, sua atenção se volta inteira para o II Congresso Eucarístico Nacional. Chega, mesmo, a adiar "a grande manifestação de apreço" que lhe será prestada "por parte de diversas classes sociais do Estado" a 7 de setembro de 1936. O *Minas Gerais* publica, nessa data, um comunicado da comissão central das homenagens ao Governador Benedito Valladares: "Sua Exa. disse estar profundamente sensibilizado com esta prova pública de confiança e de estima, mas que desejaria não se realizasse a mesma naquela data, que é exatamente a de encerramento do II Congresso Eucarístico Nacional, nesta Capital". A notícia acrescenta que as "adesões à manifestação de apreço ao Governador Benedito Valladares deverão continuar a ser encaminhadas à Secretaria da Comissão, no edifício 290 da Praça da Liberdade". A par do movimento político, o cotidiano da cidade tece seu percurso fragmentado nos anos seguintes.

---

[148] Sobre o rádio na era Vargas, consultar LENHARO, Alcir. Sacralização da política, pp. 40-42.

MAIS DETALHES PARA QUE A HISTÓRIA NÃO FIQUE NO AR

Poucos dias depois de sua inauguração, a Rádio Inconfidência recebe grande número de cartas, telegramas e cartões sobre a recepção de suas irradiações. Diz o *Minas Gerais*: "Essa correspondência procede não só dos vários municípios de Minas, mas de localidades de outros Estados, mostrando que as irradiações da PRI-3 alcançam já os pontos longínquos do território nacional".[149] Anuncia que a programação habitual da Inconfidência estivera interrompida devido a acidente em sua estação transmissora e nomeia a correspondência mais significativa. Há uma carta de Eugênio Motta, mineiro saudoso, residente em Bagé, no Rio Grande do Sul:

> Bagé, 21 de setembro de 1936.
> Alô, Rádio Inconfidência, da minha terra! Su's! Meus parabéns. Foi com grande satisfação que o meu Phillips acusou na onda de 848 metros, mais ou menos, freqüência de 870, uma possantíssima emissora mineira. Eu já andava com vergonha do meu Estado: mas, agora, graças à Inconfidência, vou deixar de confidência e propalar, com bairrismo, a sua importância. E, o que é mais importante, sabe de onde escrevo? Daqui de Bagé, Rio Grande do Sul, com um braço no Brasil e outro no Uruguai. Ouço-a como se alguém estivesse "berrando" com alto-falante aos meus ouvidos. Oxalá possa escutar a Esther Bergo, no Alli-Babá, novamente, pela minha Inconfidência! É uma pena o Tiradentes não estar vivo! Para a frente, pois! Eugênio Mota.[150]

Em 1936, o rádio tem apenas 14 anos de existência no Brasil. Tudo é novidade e espanto para os que ouvem. As referências constantes às distâncias, ao tamanho do país podem significar o desejo de comunicação daqueles que estão longe de sua terra natal. O rádio quebra distâncias. As cartas que chegam apontam a oportunidade e o prazer de se ouvir a programação. Pequenas cidades do interior, longínquas e inacessíveis, recebem o rádio e com que espanto! No Norte de Minas, Philogônio Lagoeiro, ouvinte da cidade de Coração de Jesus, declara em carta datada de 21 de setembro de 1936:

> No interior, a falta de distração nos obriga a voltar com o máximo interesse as atenções para o rádio... Satisfeitíssimo com a nitidez e capacidade da nova estação, venho, como radiouvinte, informar-lhe que a experiência suplanta em todos os sentidos as melhores estações do Brasil.[151]

Outra carta recebida na mesma época vem de Natal, no Rio Grande do Norte. O missivista, E. Barborim, comunica que recebe as irradiações em São Gonçalo e acrescenta: "Meu aparelho receptor é G.E. de automóvel, que aproveito em casa com ener-

---

[149] Estas informações e as seguintes encontram-se no MINAS GERAIS, 30 set. 1936, p. 10.
[150] Estas informações e as seguintes encontram-se no MINAS GERAIS, 30 set. 1936.
[151] Estas informações encontram-se no MINAS GERAIS, 30 set. 1936.

gia fornecida por uma bateria de 6 volts, o que prova as perfeitas instalações e potência da Rádio Inconfidência de Belo Horizonte". Termina considerando "uma satisfação ouvir tão longe a voz de Minas, onde vivi alguns anos". Outros cumprimentos chegam de São Paulo, Santa Catarina, Recife, Santos, Campinas, Cruzeiro, Teresópolis, Barra Mansa, Cordeiro, Petrópolis, Estrela do Sul, Monte Carmelo, Caratinga, Passa Tempo, Curvelo, Ouro Fino, Peçanha e Arceburgo.

Na correspondência, os ouvintes sempre aludem à marca dos receptores que possuem, fato que possibilita fazer uma mostra dos aparelhos em uso na época: Phillips, G.E., Phillips 342 - a, Alwother - Kent 7 válvulas, G.E. modelo A-64, Phillips 582, Metro diny, Erla, Pilot 7 válvulas, Phillips 52/7, WR30, Guarany 7 válvulas, Empère, Phillips 938. O prestígio saboreado ao se nomearem as marcas dos rádios lembra, hoje, as marcas de carro representando *status*.

Fascinadas com o som "nítido e puro" da Inconfidência, a carta das senhorinhas Jeni de Oliveira e Juanita J. de Oliveira, de São Paulo, solicitam seja irradiado o tango "Mi Buenos Aires Querido", de Carlos Gardel. Sugerem, também, a hora em que desejam ouvi-lo: "10 horas da noite, por ser esta a hora em que se ouve com mais nitidez. Não é impertinência de nossa parte". Outro ouvinte, de Teresópolis, Dr. Sabino Pinho Filho, felicita a Inconfidência pela sua programação e comunica "o prazer de lhes dizer que acaba de ouvir 'La Cumparsita', em grande volume e absoluta pureza, às 18 horas". De Santa Rita de Teresópolis, Walter Eugênio Poeldi, da Fazenda Alpina, comunica:

> Às 19.30 horas e 20.30 horas ouvi esta estação muito bem, apesar da atmosfera estar bastante carregada nesta noite. O meu aparelho receptor é francês, insuficiente e arcaico, compõe-se de diversas peças separadas, resistência de traços de grafite, fundos de cesto etc., tem 6 válvulas de um rádio micro Phillips, sendo 4 de alta e 2 de baixa freqüência. (Aqui é feita oferta de vendas de válvulas a dois mil réis cada). Meu aparelho funciona com duas baterias de acumuladores de 4 a 9V., tudo ligado ainda ao dínamo de corrente contínua da fazenda.

Aristides Mello, de Barra Mansa, Estado do Rio de Janeiro, diz ouvir a Inconfidência com nitidez e clareza, "apesar do tempo carregado e das várias estações que vivem se atropelando no espaço e... nos aparelhos receptores...". "Sintonizo meu WR30", escreve Jacyr C. Fonseca, de Estrela do Sul, "para entrar em contato com o Brasil e o mundo e gozar do deleite que proporciona a arte pela boa música". O ouvinte sintoniza estações de São Paulo, do Rio, de Buenos Aires, de Londres e de Berlim, mas lamenta não conectar com Belo Horizonte, cuja voz "não chegava até aqui, no Triângulo, que também pela radiodifusão estava segregado da bela capital mineira". Termina afirmando que, doravante, a Inconfidência "irá ligar-nos a Minas por sua capital, enviando-nos notícias, a utilidade e a música, o recreio". O ouvinte arrisca, ainda, uma sugestão sobre a "conveniência de um noticiário noturno" para atingir as cidades como a sua, onde não há luz diurna. Considera importante a informação sobre os atos do governo.

A carência dos meios de comunicação e o prazer desfrutado pela audiência da voz humana à distância traduzem, nesse acervo de correspondência, o fascínio pelo rádio, instrumento que abre novos campos e possibilidades de lazer. Mediação de anseios, desejos, fantasias, ele cria uma misteriosa e emocional relação com o ouvinte, "pautando-se mais pelos sentimentos e pulsões que constroem a convivência e o relacionamento entre os homens". Há uma indução de "imagens capazes de agrupar o ouvinte em torno de uma 'comunidade emocional'." A sensação de intimidade e compartilhamento "mesmo em uma ligação momentânea e instável, permite ao rádio construir uma espécie de sociabilidade virtual onde o sentir-se próximo é conseqüência direta da ausência de imagens".[152]

Quando Israel Pinheiro deixa a Secretaria de Agricultura, Comércio, Indústria, Viação e Obras Públicas, a Rádio Inconfidência toma novo direcionamento. O secretário desejava que a emissora se tornasse um canal dirigido ao homem do campo. Entretanto, com o apoio do governo do Estado, a emissora segue outro itinerário de programação, contratando artistas e locutores de talento. No início dos anos 40, segue o modelo implantado pela Rádio Nacional, do Rio de Janeiro. Ramos de Carvalho, seu diretor, contrata os principais nomes das duas outras emissoras concorrentes, tornando a Inconfidência imbatível. Em seu auditório de 924 lugares, apresentam-se cantores, programas de auditório, música erudita. São quatro as orquestras mantidas pela rádio.[153]

Ainda de acordo com o modelo da Rádio Nacional, as novelas são introduzidas, e a Inconfidência forma um dos maiores *casts* de radioteatro do Brasil. Surgem os grandes nomes: Arlete Rezende, Mara Rangel, Jairo Anatólio Lima, Elsio Costa, Ricardo Parreiras, entre outros. Elsio Costa começou seu trabalho na emissora em 1948, convidado pelo então chefe de redação José Aparecido de Oliveira.[154] Embora trabalhe como redator, apaixona-se pela produção. Inicia a escrita de programas humorísticos, musicais, paradas de sucesso. Entre 1961 e 1965, assume a direção da rádio. Entretanto, desde 1955, com a inauguração da TV Itacolomi, percebe um desafio para o rádio: de fato, o *show*, a novela, o teatro, a programação musical serão absorvidos pela televisão.

Nova estrutura arma a programação da Inconfidência em 1961. No intervalo de músicas selecionadas por especialistas, determina-se a inserção de apenas dois comerciais. Forja-se um novo *broadcasting*. Radialistas famosos são contratados: Hamilton Macedo, Gê de Carvalho, Mara Rangel, Magali Maia, Daysi Guastini, Rosana Toledo, Oswaldo Faria, Rômulo Paes, Carlos Hamilton, Ana Maria Martins, Yeda Prado, Waldir Silva, Assad Almeida. O radioteatro é reforçado. Por meio de uma

---

[152] PRATES, MINAS GERAIS, 14 out. 1987. Cad. Cultura e Arte, p. 11.
[153] PAIVA, Vanessa. Uma comunidade de ouvintes. apud NOGUEIRA, José Geraldo. Acordados na noite, p. 21-22.
[154] José Aparecido era funcionário da Secretaria de Agricultura, com exercício no Arquivo Geral. Em 3 de novembro de 1948, solicita sua transferência para a Rádio Inconfidência ao Secretário Américo René Gianetti. Em 27 de março de 1952, por determinação do Governador Juscelino Kubitschek, é colocado à disposição da Prefeitura Municipal de Belo Horizonte. Cf. correspondência de JK ao Secretário de Agricultura Tristão da Cunha, em 27 de março de 1952. Arquivo da Secretaria de Estado da Agricultura de Minas Gerais. Cf. também a correspondência enviada a Américo René Gianetti, Secretário de Agricultura, Comércio, Indústria, Viação e Obras Públicas. Belo Horizonte, 3 de novembro de 1948. Arquivo da Rádio Inconfidência existente na atual Secretaria de Estado da Agricultura de Minas Gerais.

Auditório da Rádio Inconfidência, na Feira de Amostras, onde começa a Avenida Afonso Pena. Na foto, o cantor Paulo Marquez, com orquestra regida pelo maestro Severino Araújo, apresenta-se para centenas de ouvintes. Arquivo de Paulo Marquez.

Nos anos 50 e 60 a Rádio Inconfidência toma a liderança de audiência das novelas da Rádio Nacional do Rio de Janeiro. Na foto, a partir da esquerda, os radioatores Luiz Araujo, Roberto Nilton, Marcelo Morais, Heloísa Mallard, Anete Araujo, Mara Rangel, Arlete Resende, Iracema Pierre e Ricardo Parreiras. Arquivo de Iracema Pierre.

publicação especial, os nomes dos novos contratados são exaltados. A emissora consegue reunir o que há de melhor em Minas: cantores, radioatores, locutores comerciais ou especializados, disc-jóqueis, animadores de estúdio e de auditórios, produtores de programas. Mantém, ainda, duas orquestras e dois conjuntos regionais, numa demonstração de que pretende atender à diversidade do público ouvinte.[155]

Embora mantenha programas diurnos e noturnos, o novo sistema permite que pessoas do *cast* da Inconfidência possam apresentar-se ante as câmaras de televisão, como Heloisa Mallard, Mauro Gonçalves (o Zacarias de Os Trapalhões), Carlos Hamilton, Ricardo Parreiras, entre outros, que se tornam atrações do vídeo. A rádio não pára de promover seus nomes famosos: Aldair Pinto, Celso Garcia, Carla Ferrari, Céu Azul Soares, Flávio de Alencar, Alaor Brasil, Moacyr Fortes, Maria Marta, Gilberto Santana, Agnaldo Rabelo, Nívea de Paula, René de Chateaubriand.

Em 1961, uma pesquisa de opinião aponta a Inconfidência como líder de audiência pelos radiouvintes. Trata-se de uma comprovação empírica de que o novo rádio implementado pela emissora alcança sucesso. Suas irradiações atingem todo o Brasil e alguns países, como a Suécia, a Suíça, a Holanda e a Dinamarca. Centenas de cartas chegam, atestando a potência de suas ondas. As transmissões são feitas pela PRI-3, 880 Kcs., 341 metros (50 kilowatts); PRK-5, 6000 Kcs., 50 metros; PRK-9, 15.190 Kcs., 19 metros; FM 1-99.1 mcs., e FM 2-93,7 mcs.[156]

A televisão avança, modificando o conceito de horário nobre do rádio. Mesmo com as mudanças exigidas pelos novos tempos, a Inconfidência se preserva em meio à disputa ferrenha de horários e audiência.

---

[155] PRATES. MINAS GERAIS, 14 out. Cad. Cultura e Arte, p. 11.
[156] PRATES. MINAS GERAIS, 14 out. Cad. Cultura e Arte, p. 11.

Itatiaia: nas ondas da aventura

Sonhos dos anos 50 desfilam sob o patrocínio dos cremes dentais Colgate-Palmolive, nos capítulos das consagradas novelas do radioteatro, que embalam o imaginário das pessoas. Entre os sabonetes Eucalol, que é "bom para a saúde do corpo", e Lever e Palmolive, "embelezadores da cútis", o título de Rainha do Rádio é ferrenhamente disputado pelas cantoras Marlene e Emilinha Borba. Enquanto isso, o jornal carioca *O Globo* causa furor ao publicar a lista das dez mais elegantes, escolhidas pelo cronista social Ibrahim Sued. A moda do país se rende a Dior e a Jacques Fath. Pelas ruas das cidades, os cabelos presos em rabos-de-cavalo chamam a atenção; muito mais, porém, as calças *cigarette* e o tubinho que elas usam. As revistas fazem sucesso: *A Cigarra*, a *Revista do Rádio*, *O Cruzeiro*, que insiste em falar da juventude transviada e, em reportagens sucessivas, narra a história de Aída Cury, jovem que fora brutalmente assassinada no Rio de Janeiro. Os novos tempos chegam pela voz de Billy Haley e de Elvis Presley, e o *rock* avança, quebrando controles sociais. Mascando chicletes, em um blusão de couro, uma calça rancheira e um portentoso topete, Elvis investe contra os padrões de comportamento tradicionais. Jovens do mundo inteiro entram nessa onda.[157]

Na pequena e provinciana Belo Horizonte, as pessoas passeiam sob as árvores plantadas ao longo da Avenida Afonso Pena. A vida parece simples e cheia de esperança. A elite da cidade freqüenta o Automóvel Clube, o Minas Tênis, o Iate. Funda-se o Clube Campestre de Belo Horizonte. Animadas festas são promovidas no Tremendal e no Eldorado Futebol Clube, na União Sírio-Brasileira, no Clube Libanês. No edifício do Pálace Hotel, acontecem os saraus dançantes do Teatro Mineiro de Arte, os concursos para a escolha da Rainha do Carnaval e as Horas Dançantes Copacabana. O conjunto da moda é o do Maestro Delê, que, com a cantora Rosana Toledo, anima os bailes.

Entre as Ruas da Bahia e do Espírito Santo, passam ônibus especiais, levando moças bem cuidadas aos Colégios Santa Maria, Imaculada e Sacré-Coeur de Marie,

---

[157] São utilizados neste capítulo dados extraídos da reportagem *O Charme Eterno dos Anos 50*, de NOGUEIRA, Giselle. *Jornal de Casa*, 25 a 31 maio 1986, p. 6.

Na década de 50, era costume moças e rapazes passearem pela Avenida Afonso Pena. Fotógrafos documentavam os passantes. Na foto, Iracema Pierre passeia com elegância na noite belo-horizontina. Arquivo de Iracema Pierre.

estabelecimentos de ensino famosos e disputados pelos segmentos sociais privilegiados. O curso mais recomendado é o de normalista. À noite, entre Bahia e Espírito Santo, jovens fazem o *footing*.

A Casa Bangu promove desfiles de moda e veste as moças da sociedade, que têm como aliado o creme Pond's, perfumam-se com Tabu, Madeira do Oriente, Vertige, Mirurgia e usam maiôs com babadinhos. Os modelos das artistas de cinema inspiram as modistas, bem como as garotas do Alceu – este desenha na revista *O Cruzeiro*. As lojas Sibéria e Sloper oferecem suas sugestões – e como vendem!

Nas festas, os rapazes portam terno azul-marinho feito de casimira Aurora e se apresentam antes de convidar as moças para dançar: afinal de contas, a família mineira não está aí para entregar as filhas a desconhecidos. Embora severamente fiscalizadas, é durante as danças que surgem paixões, romances, namoros, casamentos. Às moças casadoiras, recomenda-se não fumar (em público), não tingir os cabelos com água oxigenada, não ingerir bebida alcoólica, não dançar de par constante, a não ser com o namorado:

> Não se deve confiar demais na vida,
> ainda mais tratando-se de amor.
>
> E por gostar de coisa proibida,
> É que o mundo vive assim de sofredor...

Após a festa, o rapaz apaixonado se transforma em seresteiro; dirige-se à casa da moça, faz para ela uma serenata: a amada mineira ouve tudo, mas não abre a janela.

No domingo, de manhã, jovens da classe média vão à missa na igreja de Lourdes, nas capelas de Santo Antônio ou do Palácio Cristo Rei. Após a missa, o *footing* na alameda central da Praça da Liberdade: à direita, os rapazes; à esquerda, as moças, que ficam caminhando de um lado para o outro. Os sócios do Minas Tênis Clube não perdem a hora dançante, que vai até as 13 horas. Bastante concorrida é a matinê nos cinemas Metrópole e Brasil, pois os outros não são recomendados. Depois do filme, a Confeitaria Elite, na Rua da Bahia, e as animadas horas dançantes do Automóvel Clube, do Iate, do Diretório Central dos Estudantes.

Na Rua Ubá, no Bairro da Floresta, a rapaziada forma um dos primeiros clubes volantes, o Recanto Alegre: os associados se organizam para promover festas em suas casas. As moças levam salgadinhos, e os rapazes, bebidas; a cuba-libre afasta a inibição e libera os sentimentos. Os famosos penetras surgem nas festas e nos bailes. No carnaval, blocos caricatos desfilam pelas ruas do centro: O Leão da Lagoinha, Chiquita Bacana, As Pervertidas da Floresta, Turistas de Adisabafa, Unidos do Prado, As Lagostas (do Ginástico Clube). As moças da sociedade desfilam em automóveis e comparecem aos bailes chiques da cidade. Nas rádios, os programas de auditório fazem sucesso: a Guarani e a Inconfidência, em Belo Horizonte, e a Rádio Nacional, no Rio de Janeiro, lançam inúmeros talentos da música popular brasileira; entre eles, Paulo Marques e Clara Nunes.

Com a chegada da televisão, surgem as garotas-propaganda Clausi Soares, Ana Lúcia Santos, Zélia Marinho, Darci Nelson, e ganham fama os cantores Flávio de

Dulce Maria faz sucesso no rádio e na televisão, como tia Dulce, animadora de programas para crianças. Arquivo de Iracema Pierre.

Alencar e Rosana Toledo. Na TV Itacolomi, o Grande Teatro Lourdes conta com Heloísa Malard; no rádio, os melhores programas humorísticos são produzidos por Elsio Costa.

Na Praça Sete, a Livraria Cultura Brasileira pega fogo. A artista de cinema Kim Novak, norte-americana, é recebida pelo Presidente Juscelino Kubitschek. Após a fotografia, a estrela se surpreende quando ele tira os sapatos em pleno salão do Palácio do Catete, no Rio de Janeiro.

As mudanças dos costumes da época são mais perceptíveis no Rio de Janeiro e em São Paulo. Se os anos são dourados, os tempos são, também, de preconceito e opressão. No Caribe, um corte profundo abre caminho para a insurgência na América Latina: a Revolução Cubana, em 1959. O mundo fica conhecendo três figuras emblemáticas: Fidel Castro, Ernesto Che Guevara e Camilo Cienfuegos.

Nos subterrâneos da capital mineira, há miséria, desigualdade e injustiça social, que, camufladas pelo tom bucólico da cidade, não são apontadas pelos meios de comunicação locais. Entretanto, uma rádio irá atrever-se a desvendar os cenários dos marginalizados e excluídos sociais – o jovem redator Januário Carneiro funda a Rádio Itatiaia.

UM TEMPO DE SONHOS

"Tudo começou faz muito tempo. Por volta de 1948. Era eu pouco mais que um menino, na casa dos 20 anos. Uma idade que, além de muitos direitos especiais, a gente tem um indiscutível: o de sonhar." Januário Carneiro trabalhava como redator no periódico *O Diário*, escrevendo sobre futebol, e como comentarista esportivo na Rádio Guarani. Na época, grandes estações de rádio surgiam a partir de jornais; a Itatiaia, não: foi produto do próprio empreendimento radiofônico, inspirada nos modelos das Rádios Bandeirantes, de São Paulo, e Continental, do Rio de Janeiro. Januário Carneiro consegue um empréstimo bancário por meio de Alair Couto, incorporador e empresário mineiro e presidente do América Futebol Clube, e monta sua equipe: convida Hermínio Machado para trabalhar no setor de publicidade e Luiz Carlos Sena Jerônimo para o departamento técnico. Mais tarde, essa equipe irá desfazer-se. Todo o equipamento radiofônico é comprado por 300 contos de réis: 80 contos à vista e 220 contos em prestações mensais de 20 contos. Januário Carneiro está com 23 anos de idade.

A Rádio Itatiaia recebe autorização para funcionar em Nova Lima, com a intenção de operar para os ouvintes de Belo Horizonte.[158] Instalada no centro de Nova Lima, no Edifício Ouro, em quatro pequenas salas, a Itatiaia faz sua primeira transmissão a 21 de julho de 1951. A antena está instalada em cima do cinema existente na cidade; tem 100 watts de potência.[159]

---

[158] As informações referentes à Rádio Itatiaia foram pesquisadas no arquivo particular de Januário Carneiro ou por ele fornecidas ao autor.
[159] CARNEIRO, Januário. Relato pessoal ao autor.

A rádio opera em precárias condições de som; transmite músicas e anúncios do estúdio em Nova Lima, reportagens e notícias de outro estúdio, em Belo Horizonte. Os anúncios são poucos. A casa lotérica Campeão da Avenida é a primeira anunciante: "Sorte grande? Campeão da Avenida, e não se discute." É um tempo de dificuldades e amarguras – diz Januário Carneiro – que o entusiasmo ameniza com a convicção de um futuro luminoso pela frente. Na época, a Itatiaia transmite o campeonato de voleibol de Porto Alegre: é a primeira rádio em Minas a falar de outro Estado na transmissão dessa modalidade esportiva.

Domingo, 20 de janeiro de 1952 – Nova Lima está em festa, para a inauguração da Rádio Itatiaia. Em Belo Horizonte, no Estádio Independência, o Vila Nova, da Terra do Ouro (Nova Lima), ganha o Campeonato Mineiro de Futebol de 1951: Vaduco faz 1 a 0 sobre o Clube Atlético Mineiro.

31 de janeiro de 1952 – com a autorização do Presidente Getúlio Vargas, inauguram-se os escritórios da Itatiaia na capital mineira, no local onde funciona o estúdio para notícias: na Rua Rio de Janeiro, 446, no 12º andar. A inauguração é patrocinada pela cerveja Antárctica, que pagou 20 contos de réis. Fechando a noite memorável, F. Andrade, artista de radioteatro, leva ao ar a peça *O Colar de Pérolas*. Mais tarde, há festa na boate do Hotel Financial.

A ligação entre os estúdios de Nova Lima e de Belo Horizonte é feita por meio de um pequeno aparelho de ondas curtas, comprado de radioamadores: é o *link*; de funcionamento incerto, às vezes transmite bem, às vezes emudece.

Em junho de 1952, a estação muda seu transmissor para a serra do Curral e enfrenta dificuldades com a ligação elétrica. O terreno custou 5 contos de réis. De lá é feita a transmissão de músicas, e os anúncios continuam sendo lidos no estúdio da capital. Em setembro do mesmo ano, realiza-se, em Belo Horizonte, a Olimpíada Universitária; embora disponha de resumido número de técnicos, a Itatiaia faz reportagens de vários pontos da cidade. No mês de dezembro, a freqüência da emissora passa de 1.580 para 630 khs.; a potência, de 100 para 250 watts – e é inaugurada a linha de som para o transmissor na serra do Curral.

Em 1953, a Itatiaia inicia a transmissão de futebol, esporte dinamizado pela recente inauguração do Estádio Maracanã, no Rio de Janeiro. Em 1954, de um posto localizado no fundo do auditório do Fórum Lafaiete, a rádio transmite o julgamento de Décio Escobar, acusado de um crime de natureza homossexual, que escandaliza a capital mineira. Nesse ano, os olhos verdes de uma baiana brincam com os sonhos de homens boquiabertos, nos salões do Hotel Quitandinha, no Rio de Janeiro: Marta Rocha é eleita Miss Brasil, provoca arrepios e inebria o país de norte a sul. Uma saborosa rosca recheada de creme é batizada com seu nome.

Em 1955, a Itatiaia faz a cobertura do Congresso Eucarístico Internacional, no Rio de Janeiro. No ano seguinte, Januário Carneiro ganha o título de Melhor Locutor Esportivo e de Radialista do Ano.

Corre o ano de 1957. A rádio promove os Jogos de Verão e a Olimpíada Feminina Estadual, que significam um marco na expansão da empresa. Em fevereiro do mesmo ano, a Itatiaia transfere-se para novo endereço: Avenida Amazonas, 749, no

Edifício Balança, Mas Não Cai (assim chamado pela população devido ao fato de haver sido condenado pelo Corpo de Bombeiros). A rádio ocupa todo o 13º andar do prédio, sua potência é aumentada para 1 kilowatt, e uma torre de aço é instalada na serra do Curral. "Começamos a sonhar com ousadia, para sonhar não se paga. Tínhamos feito o alicerce com sucesso e aventura", relata Januário Carneiro.

Naquele mesmo ano, o repórter José Lino de Souza Barros realiza uma proeza: pendurado em uma cadeira amarrada à motocicleta que carrega a pirâmide humana da *troupe* alemã do Zugspitzartisten, atravessa o espaço vazio sobre a Avenida Afonso Pena, em um cabo de aço esticado entre o 25º andar do Edifício Acaiaca e o 10º andar do Edifício Banco da Lavoura, transmitindo a reportagem. Pouco tempo depois, irá transmitir um salto de pára-quedas direta e simultaneamente de um dos quatro aviões da Esquadrilha da Fumaça. No mesmo ano, o repórter Jaime Rigueira irá narrar, de Montevidéu, o jogo entre o Clube Atlético Mineiro e a Seleção do Uruguai.

Ainda em 1957, a Itatiaia consegue fazer contrato de publicidade com anunciantes multinacionais, como a Alka Seltzer e, mais tarde, a Phillips. Por 35 contos de réis, a casa comercial Nova Elétrica compra a publicidade exclusiva do futebol, até então patrocinado por pequenos comerciantes locais. De São Paulo e do Rio de Janeiro, vão surgindo anunciantes. O publicitário Wilson Lamas é contratado para a direção comercial da rádio, que queria faturar 300 contos de réis: "Isto foi rapidamente ultrapassado", conta Januário Carneiro.

No Rio de Janeiro, os produtos da Helena Rubinstein maquilam as candidatas ao título de Miss Brasil, comandadas pela enérgica bengala que a diretora de modas da Socila bate no tablado da passarela. Mas, na disputa mundial, o país perde: a amazonense Terezinha Morango fica como vice, e a peruana Gladya Zender é eleita Miss Universo. No ano seguinte, Adalgisa Colombo também perderá o título máximo para a colombiana Luz Marina Zuluana.

A Itatiaia passa a ser a quarta estação do Brasil e a primeira de Minas Gerais. A emissora faz, de forma planejada, a propaganda e a divulgação dela mesma. Diz que "vende espaço", mas "não vende opinião". Em 1958, já permanecia 24 horas no ar.

A mineira Stael Maria Abelha sacode o Maracanã, no Rio de Janeiro, ao ser eleita a Miss Brasil de 1959. Havia 25.000 pessoas no estádio. Na capital mineira, o baile de debutantes do Automóvel Clube reúne três orquestras em quatro salões. As debutantes recebem jóias da primeira-dama do Estado, a esposa do Governador Bias Fortes. Essa sociedade é a que se reúne em torno da piscina do Minas Tênis Clube para o desfile das candidatas ao título de Miss Minas Gerais.

O ano de 1960 prenuncia novas realizações. O repórter Olímpio Campos, da equipe de jornalismo da Itatiaia, vai a Cuba entrevistar Fidel Castro. Depois de várias semanas de tentativas, descobre que ele costuma jantar num restaurante chinês. Olímpio Campos, com seu gravador, dirige-se ao local. Ali aguarda durante horas. Às 3 da madrugada, chega o Presidente cubano, acompanhado, entre outros, por seu Ministro das Indústrias, Ernesto Che Guevara. Olímpio Campos dirige-se à segurança e solicita a entrevista com "El Comandante". Fidel fala sobre o sentido da Revolução Cubana. A Itatiaia marca mais um tento no placar jornalístico.

Equipe de jornalismo da Rádio Itatiaia em reunião de planejamento de trabalho, em 1963. Da esquerda para a direita: os jornalistas Ruiter Miranda, Carlos Felipe, Vargas Vilaça e Erardo Lázaro; os técnicos Walter Machado e Mário Baeta; os jornalistas André Carvalho (chefe da equipe), Fábio Martins e Symphronio Veiga. Arquivo de Symphrônio Veiga.

A emissora não pára: transmite, com o repórter Hélio Costa, a posse do Presidente John Kennedy, diretamente da Casa Branca. Romeu Varzano, locutor esportivo, acompanha as Olimpíadas de Roma; Hamilton Macedo narra de Tel-Aviv, no Oriente Médio, o jogo do América. Nos Estados Unidos, o repórter Oswaldo Faria entrevista Caryl Chessman, na câmara da morte. Chessman tornara-se famoso no mundo por seus crimes e seus livros. Condenado à morte, é executado, apesar dos apelos do mundo inteiro.

No dia 21 de abril, a Itatiaia é a única emissora de Minas presente na inauguração de Brasília, entre três outras rádios brasileiras. Para prosseguir seus trabalhos, a emissora constrói novos estúdios, na Rua Coromandel, 117, no Bairro Bonfim. Consegue até mudar o nome da rua para Rua Itatiaia. Ali funciona até hoje, sob a direção de Emanuel Carneiro, irmão de Januário Carneiro, já falecido.

No contexto político de meados de 1950, emerge o nacional desenvolvimentismo. O Presidente Kubitschek constrói Brasília e incrementa seu plano de governo sob o binômio energia e transporte. Massas de despossuídos se integram ao mercado de trabalho. Está surgindo o novo modelo de desenvolvimento econômico. Privilegia-se o capital internacional e a produção de bens duráveis de consumo. O país vive a passagem de um perfil agrícola para uma etapa do capitalismo financeiro. Implanta-se a indústria automobilística no ABC paulista e constrói-se a rede rodoviária brasileira. Instala-se um clima de euforia nacional, mas as contradições acobertadas serão explicitadas na crise de 1961-64. A conjuntura mostra a miséria do Nordeste; os trabalhadores, por meio das reivindicações grevistas, desejam auferir dos benefícios da acumulação. Vê-se a entrada da economia numa de suas crises cíclicas de depressão (1961-68). Articula-se o movimento pelas reformas de base, que visam a modernizar o país. Esta crise econômica não pode se dissociar da política. Seu percurso será atalhado pela intervenção político-militar na sociedade brasileira, a 31 de março de 1964.

A INSURGÊNCIA

Nos anos 60, para surpresa dos concorrentes, a Itatiaia se transforma na principal emissora mineira em audiência e é a décima entre as brasileiras. Nessa época, a televisão é incipiente no país. O rádio predomina como veículo de comunicação de massa. Será decisivo para a luta democrática. Para garantir a posse do Vice-Presidente João Goulart em 1961, depois da renúncia de Jânio Quadros, o Governador do Rio Grande do Sul, Leonel Brizola, cria a Rede da Legalidade. Inicialmente, as Rádios Farroupilha e Gaúcha, de Porto Alegre, suspendem sua programação normal. Passam a divulgar somente informações sobre a situação política nacional, em transmissões diretas do Palácio Piratini, sede do governo estadual, da Assembléia Legislativa e da Câmara Municipal. Brizola denuncia que os ministros militares Odílio Denys, Grunm Moss e Sílvio Heck estão desrespeitando a Constituição ao tentarem impedir a posse do Vice-Presidente. O golpe está em andamento. O marechal Henrique Teixeira Lott, conhecido por suas posições legalistas, emite um "manifesto à nação e a seus camaradas das Forças Armadas".[160] Também discorda dos ministros. Entende que a lei deve ser respeitada. A censura - imposta aos meios de comunicação por Brasília - não permite a divulgação das ações de Brizola e do manifesto de Lott.

As duas emissoras gaúchas são fechadas por ordem ministerial. Brizola reage. Mobiliza a Brigada Militar do Estado, a polícia civil, os sindicatos e os estudantes. Convoca a formação de milícias populares para a defesa do estado de direito. A seguir, requisita a Rádio Guaíba, de Porto Alegre, que passa a operar como emissora da Secretaria de Segurança Pública, sob sua responsabilidade. Está formada a Rede da Legalidade, comandada pela Rádio Guaíba, que possui dois potentes transmissores de ondas curtas. O local da transmissão é o Palácio do Governo do Rio Grande do Sul.

> Em poucas horas, os porões do Palácio do Governo gaúcho fervilham de gente: redatores, locutores, técnicos, músicos, entre outros. Todos com o desejo de se unirem ao trabalho da livre informação, ainda mais que as notícias vindas do centro do país são cada vez mais alarmantes, relatando a ação brutal da censura, prisões e crescente ameaça de ditadura militar.[161]

No segundo dia de transmissão da Rede da Legalidade, Januário Carneiro reúne-se com sua equipe. Depois de vários contatos e informações colhidas nos meios políticos, informa que vai tomar uma decisão histórica. Declara saber dos riscos, mas acredita na Rede da Legalidade como uma forma de luta para impedir a tentativa de se implantar uma ditadura no país. Comunica aos repórteres, jornalistas, locutores e técnicos que a Itatiaia integrará a cadeia radiofônica. São mais de cem emissoras a exigir a democracia. As emissões, feitas em português, inglês, francês, italiano e árabe, atingem o mundo.

"A Rede da Legalidade foi um dos mais importantes instrumentos para assegurar a defesa da Constituição e dos preceitos legais que permitissem ao povo o livre-arbítrio nas decisões referentes a seu futuro, sem a interferência dos centros mundiais de controle político e econômica".[162] A Rede da Legalidade, um dos momentos históricos da radiofonia, encerra suas transmissões no dia 5 de setembro de 1961, após a posse do Presidente João Goulart, em Brasília.

No Brasil, em nome da "ordem" e da "democracia ameaçada", uma coalizão político-militar assumirá o governo na década. Os acontecimentos de 1961, que culminaram com a renúncia de Jânio Quadros e a posse quase traumática de João Goulart, fazem parte dessa conjuntura. Os descaminhos da intervenção atordoam segmentos da sociedade civil. Perplexos, movimentos sociais desarticulam-se.

Na verdade, tudo havia sido planejado. Deflagrada a ação, documentada pela Rádio Itatiaia, os militares sufocam qualquer resistência. Prendem militantes políticos de oposição. Expurgam e afastam pessoas, por meio de longas listas de cassações.

---

[160] SILVEIRA. *Revista de Comunicação*. n. 26, pp. 31-33.
[161] SILVEIRA. *Revista de Comunicação* n. 26, pp. 31-33.
[162] SILVEIRA, *Revista de Comunicação*, n. 26, pp. 31-33.

Lideranças se acobertam na clandestinidade. É criado o Serviço Nacional de Informações, que irá coordenar e sistematizar a repressão. As emissoras de rádio são ocupadas. Em 1964, Alberto Deodato, professor da Escola de Direito da UFMG, comanda a Rede da Democracia, que coloca em cada redação um "representante revolucionário" de 31 de março. A Itatiaia passa a ser policiada "gentilmente" por soldados do Corpo de Bombeiros. É preciso conviver com a situação de opressão. Há que se relacionar com o arbítrio, sem irritá-lo. Longa foi a década de 60 e penosa sua travessia. A resistência possível ficou por conta daqueles que se comprometeram com a liberdade.

AS ASAS QUEBRADAS DA LIBERDADE

Coube à Rádio Itatiaia tornar públicos sinais de rompimento das forças militares com o Presidente João Goulart. O furo se deu por meio de uma entrevista concedida ao autor deste trabalho pelo General Carlos Luiz Guedes, comandante da ID-4 (4ª Região Militar), em Belo Horizonte.

A 30 de março de 1964, às 18 horas, o Governador Magalhães Pinto chega ao Salão Nobre do Palácio da Liberdade para dar posse a José Maria de Alkmim no cargo de secretário sem pasta. Político sempre ligado ao PSD, o ingresso de Alkmim na equipe de Magalhães, pertencente à UDN, assusta. Ao tomar posse, recebe cumprimentos: "o bom filho à casa torna". "Vim para servir", responde Alkmim, entre abraços e tapinhas nas costas.

O repórter se espanta, tentando entender o motivo de tal aliança. Maior espanto virá algum tempo depois: todos os jornalistas estão acompanhando a recepção, uma solene festa de posse. Nota-se que o pessoal da imprensa não tem entusiasmo pelo evento, talvez porque muita coisa venha acontecendo nesse tempo de tensão e medo. É difícil pautar o mais importante. O que estará pretendendo Alkmim ao entrar para o governo de Magalhães?

Tudo em Minas está calmo e tranqüilo, afirmam muitos, camuflando uma situação de incerteza. Percebe-se "que Minas está onde sempre esteve, Minas não faltará", conforme irá assinalar Magalhães Pinto. O clima é de tensão, apesar da negativa dos políticos. São realizadas inúmeras reuniões e contatos, em meio a "suspiros e sussurros" dos experientes políticos mineiros, que, apesar de tudo, demonstram segurança e desembaraço no trato com a política. Ninguém penetra publicamente em sua trama. A transparência está suspensa e proibida. Nesse clima, o repórter necessita romper o cerco. Não se sabem os detalhes. Vai-se atrás da informação. Para obtê-la, só na área militar: o General Carlos Luiz Guedes, sempre calmo e aparentemente pacato, tratando de suas rosas, no jardim do quartel, deve saber das coisas.

Alguns jornalistas saem do Palácio da Liberdade e se dirigem à ID-4. Os repórteres da Rádio Itatiaia sempre tiveram atenção e cuidado na busca da notícia e do fato, aonde quer que fosse. A direção da emissora recomendava isto permanentemente à equipe, incutia-lhe o compromisso com a notícia, e o mais importante: dava-lhe liberdade de decisão, quando na atuação profissional.

30 de março de 1964. O General Carlos Luiz Guedes recebe o autor deste livro, então repórter da Itatiaia, acompanhado dos jornalistas Aluísio Cunha e Henrique Galinke. Antes da entrevista, o oficial do dia informa que "tudo está tranqüilo em Minas, pois o general ficou, também naquele dia, cuidando das rosas". Assim foi a entrevista do General Guedes à Rádio Itatiaia:

- Boa noite, general; pode-nos dar uma entrevista?
- Posso dar, mas não tenho muito a dizer.
- Há muito boato na cidade, muita notícia correndo. Quem sabe o senhor poderia esclarecer alguma coisa?
- Que boatos?
- Dizem que o senhor já estaria exonerado, porque perdera a confiança do governo federal; que seu substituto já chegou a Belo Horizonte; que o senhor e o Governador Magalhães Pinto vão derrubar o governo constitucional de João Goulart.
- Vamos, então, falar sobre os boatos, repórter.
- Posso ligar o gravador?
- Pode.

O general esfrega as mãos vagarosamente. Olha com energia os repórteres e seus oficiais em volta: Capitão Romero, Major Barrios, Tenente Pitanga Maia, Capitão Paulo Clementino, Tenente-Coronel Hélio Viana, Major José Aurélio, Major Elson, Capitão Corezzi, Capitão Luchesi, Major Clemente, Tenente-Coronel Gontijo, Major Kleber, Capitão Guedes e Capitão Vanucci.

- General Guedes, as nossas perguntas visam a desfazer os boatos. Gostaria que o senhor esclarecesse notícias veiculadas hoje, na cidade.
- O que posso dizer é que sou, talvez, um dos alvos preferidos justamente pelo boato. Não posso desmentir boatos sobre o que se passa em São Paulo, sobre o que se passa no Rio, ou o que se passa no Rio Grande, mas os relativos à minha pessoa posso. São afirmações inverídicas. Tudo o que tem sido veiculado a meu respeito, até hoje, não se confirmou: estou apontado para ser substituído a qualquer momento; a princípio, pelo General Crisanto de Figueiredo; agora, já é o General Jairo Vilanova Madeira, que, segundo me disseram, constou achar-se na cidade, o que não é verdadeiro; de modo que o público deve dar a importância que boato merece, isto é, boato.
- General, a respeito da presença do Marechal Denys em Juiz de Fora, o que nos pode adiantar?
- O Marechal Denys tem dois sobrinhos em Juiz de Fora e uma cunhada, viúva de seu irmão Osiris; de vez em quando, ele vai a Juiz de Fora. Eu mesmo já estive com ele, lá, várias vezes, no tempo em que seu irmão tinha um sítio junto à represa. Agora, ele tem um apartamento, e não há nada de mais em sua presença em Juiz de Fora.
- General, dizem que o senhor será afastado do comando da ID-4. O senhor já recebeu algum desmentido oficial a respeito?
- Recebi um desmentido oficial não só do comandante do I Exército como um recado do próprio Ministro da Guerra, dizendo que tudo não passava de boato. Mas isso foi na ocasião em que estava sendo veiculada a notícia de que eu seria substituído pelo General Crisanto de Figueiredo. Quanto à atual substituição, nada recebi, nem sim nem não.

- A situação é grave, em sua opinião?

- Eu acho difícil, porque o que aconteceu na Marinha é preocupação para todos os brasileiros, não só para as Forças Armadas, que têm base na disciplina e na hierarquia; uma subversão de tal ordem, é impossível que alguém que tenha senso de responsabilidade ou possa analisar os fatos, mesmo sem nenhuma responsabilidade neles, não sinta que o que houve foi gravíssimo: ver-se um grupo de marinheiros sublevados presos por forças do Exército e depois postos em liberdade fazerem um carnaval, na Sexta-Feira Santa, e irem até a frente do Ministério da Marinha... de modo que tenho preocupação e penso que todos os brasileiros têm.

- Gostaria de ouvir sua opinião sobre a possibilidade de transigência de ambas as partes e de acomodação da situação atual.

- Acho absolutamente impossível transigir com disciplina. São duas coisas de tal modo antagônicas, que, se houver transigência, será a falência da disciplina; e, se a disciplina falir, então, será melhor dissolver toda e qualquer força armada, porque isso é básico para nós – não podemos, de forma alguma, transigir em questões de disciplina.

- Então, qual seria a saída para a situação? Como o senhor vê o problema?

- Vejo como os almirantes vêem. Se eu fosse solucionar esse assunto, teria que excluir todos esses marinheiros; eles teriam que ir tratar de sua vida civil; cuidar de política, porque política em quartel é coisa que não pode ser aceita; área política é área de atritos, e quartel é área que tem que ser de harmonia. Nós, quando sob nossa responsabilidade, mandamos homens morrerem por uma causa, não podemos ficar discutindo se o indivíduo vai pensar e queixar-se: ah! me mandaram porque eu sou do PTB, e ele é da UDN, ou vice-versa. De modo que acho não haver possibilidade. Se fosse eu a resolver o problema, seria sumário: teria que conservar somente marinheiros que fossem marinheiros de fato, e, não, políticos.

- Mais uma pergunta: o senhor assinou algum manifesto?

- Não. Nem me trouxeram manifesto algum.[163]

Ao deixar o quartel da ID-4, o Major Elson Corrêa da Fonseca, que ali servia, pergunta-me se tenho mantimentos em casa.

- O de costume, respondo.

- Compre, então, para armazenar. Amanhã vamos depor o Jango.

- O senhor está falando sério, major?

- Não estou brincando. Abasteça sua casa.

Depois da entrevista, os jornalistas trocam idéias: Aluísio Cunha se mostra satisfeito com a entrevista, sem explicar o motivo. Está, realmente, alegre. Henrique Galinke diz que vai para o jornal. Sensível e inteligente, ele está tenso com tudo o que ouvira. Preocupado, comenta sobre o propalado esquema militar de Jango, a organização das esquerdas, os movimentos populares. Mas quem são os homens de imprensa, em momento tão grave? Que podem fazer a não ser comentar, escrever, publicar, informar, denunciar o que está acontecendo? De fato, não raro, os jornalistas

---

[163] GUEDES. Tinha que ser Minas. pp. 207-209.

são os primeiros a saber. Devem ser os primeiros a denunciar. Na verdade, são os primeiros a se angustiar, a sentir a morte de muitos sonhos e de muitas esperanças.

Às 21 horas, o repórter chega à Itatiaia com a entrevista gravada. Antes de irradiá-la, resolve telefonar para o diretor da rádio, Januário Carneiro. Talvez ele tenha outras notícias:

- Januário, tenho uma entrevista gravada com o General Carlos Luiz Guedes. Dizem que vão derrubar Jango. A situação está cada vez mais tensa. Vou pôr a entrevista no ar. Você tem mais novidades?

- Não. Não tenho. Rode a entrevista, é uma boa matéria jornalística. Se o general falou, a responsabilidade é dele perante o governo constituído. A Itatiaia tem obrigações com o público.

A entrevista gravada é passada ao operador de áudio. Vai ao ar por volta de 21h 45min. À meia-noite, o jornalista Aluísio Cunha pede a gravação - para rodá-la, estranhamente, em emissoras do interior de Minas. Como a matéria já era de domínio público, é cedida a ele uma cópia.

A intervenção político-militar na sociedade brasileira, a 1º de abril de 1964, representa um corte profundo nas instituições do país. Configura, ao longo do tempo, situações autoritárias, ora dirigidas para o Estado de exceção, ora progredindo em direção oposta, mostrando capacidade de conservar o poder adquirido e ampliar suas áreas de influência. O controle do Estado é assumido por uma coalizão político-militar. Esta, "em nome do poder constituinte, das insurreições armadas", faz do arbítrio um de seus principais desígnios.[164] Silencia a sociedade civil, interdita o Estado de direito, estabelece a censura, não raro, aos meios de comunicação.

Marcos de Magalhães Rubinger, professor de Antropologia da Faculdade de Ciências Econômicas da UFMG, é preso nos primeiros dias do pós-64. Durante meses, permanece na prisão, sem processo instaurado. Seu crime: ser um intelectual que professa idéias de esquerda. A partir do quinto dia de sua prisão, a Itatiaia delibera iniciar o jornal das 12 horas com a seguinte frase: "Faz hoje cinco dias que o professor Marcos de Magalhães Rubinger está preso sem culpa formada". A denúncia é irradiada todos os dias, até 24 de dezembro de 1964. Nessa data, com o apoio de sua esposa, Conceição Rubinger, negocia-se com os militares uma licença para que o jovem professor passe o Natal com a família. Ao receber a licença, Rubinger delibera exilar-se, deixando o país onde estavam quebradas as asas da liberdade.

Nos anos 70, é negociada sua volta ao Brasil; todavia, seu reingresso na Universidade Federal de Minas Gerais fora bloqueado pelo governo. Com a ajuda de familiares, abre, na Avenida Brasil, uma pequena loja de artesanato de povos indígenas. Desde criança, evidenciara uma exemplar habilidade manual, utilizada como *hobby* no decorrer dos anos. Um dia, o autor chega à loja para visitá-lo: talhava um totem andino. Estende as mãos com a peça semitrabalhada. Com os olhos úmidos, diz: "veja a que reduziram um professor".

---

[164] CRUZ & MARTINS. De Castello a Figueiredo, p. 112.

Nos anos 60, há predominância de um debate que aponta uma efervescente prática social e política. Paixão e lutas recobrem acontecimentos que ultrapassam fronteiras nacionais. Edgard Morin, que vivenciou maio de 1968 na França e, em seguida, veio ver nossas passeatas, falou em "êxtase da História"; o francês Raymond Aron, perplexo com a "demência coletiva", posteriormente concorda que o "psicodrama coletivo" transformara a França. Na Alemanha, o igualmente célebre filósofo Jürgens Habermas chamou os jovens iracundos de 1968 de "fascistas da esquerda", mas hoje reconhece que toda a atualidade cultural, da ecologia ao individualismo, começou a brotar naquele ano.[165]

As passeatas de 1968, que atraíram a atenção de Edgard Morin, aconteceram nas grandes capitais do país; entre elas, Belo Horizonte. São lideradas por jovens inexperientes, conduzidos "à direção de um efervescente movimento estudantil, assumindo as responsabilidades e os riscos que se impunham à liberdade", relata Maurício Paiva[166], estudante de Engenharia na época.

Segundo ele, entre 1967 e 1968, podia-se arriscar a construção de "espaços de liberdade e cidadania", considerando a imprensa um instrumento fundamental nessa luta. A par da informação escrita, salienta-se a do rádio e a da televisão "na difusão da informação e na formação da opinião pública". Lamenta que se perdeu, "em grande parte, a memória do papel desempenhado por esses meios de comunicação", principalmente no que se refere à imagem e ao som. Não existiam ainda as redes de televisão, de modo que o noticiário local tinha precedência. Ademais, era reduzido o número de casas que possuíam televisor, mesmo na capital. Daí a importância do rádio, que alcança todos os lugares "com a força da notícia instantânea". Maurício Paiva relata que:

> (...) no exercício das funções de Secretário-Geral do DCE-UFMG, muitas vezes elaborei os documentos da entidade e eu mesmo os levei às redações dos jornais, às televisões e às rádios. Outras tantas vezes documentamos os acontecimentos em entrevistas e depoimentos ao vivo.

Como repórter do jornalismo político da Itatiaia, o autor deste livro cobria setores onde os fatos eram notícias. Assim, tinha credenciamento para cobertura jornalística no Diretório Central dos Estudantes – DCE –, nos sindicatos de trabalhadores urbanos e rurais, nas ligas camponesas, no Palácio da Liberdade, na Assembléia Legislativa, na Câmara Municipal, na Federação das Indústrias, na Conferência Nacional dos Bispos do Brasil e em outras associações. Nesse universo de atuação profissional, percebia que o DCE era uma das mais ricas fontes de noticiário para a imprensa, dada a forte presença contestatória do movimento estudantil no cenário político mineiro e nacional. Nas relações de força de oposição ao regime político militar, o movimento estudantil tinha peso. Seu espaço na imprensa não era dádiva dos meios de comunicação, e, sim, conquista resultante de suas lutas. No convívio profis-

---

[165] VENTURA, 1968. O ano que não terminou, p. 13.
[166] Maurício Paiva é escritor, ex-exilado político. Forneceu este depoimento e o que se segue, por escrito, ao autor.

sional com os estudantes, o autor teve oportunidade de estabelecer relações de amizade que se manifestavam num clima de respeito e confiança mútuas, sem prejuízo de princípios éticos recíprocos.

"Esclarecei-me agora, ó Musas que tendes morada no Olimpo, pois sois deusas e estais sempre presentes e sabeis todas as coisas. Pois nós, pobres mortais, apenas ouvimos notícias e de nada sabemos."

O universo do rádio está posto. Suas ondas trouxeram música, falas, novelas, cantos, notícias. Contaram às vilas distantes histórias das metrópoles. Incitaram o imaginário dos que se deleitavam em mergulhar no reino dos sonhos. Afugentaram a solidão em plagas longínquas, despertando no ouvinte ilusões antes inimagináveis. Mundo de amavios, de emoção, de deslumbramento. Mundo mágico de comunicação, sonorizando o cotidiano das relações entre os homens. Mundo sem fim, pois que é construção.

Referência bibliográfica

ADORNO, Theodor W. Os padrões da cultura de massa. In: CARDOSO, F. H., MARTINS, C. E. (org.). *Política e sociedade*. São Paulo: Cia. Ed. Nacional, 1979, p. 152-164.

ALMEIDA, Milton José de. *Imagens e Sons: a nova cultura oral*. Coleção questões da nossa época. São Paulo: Cortez, 1994, vol. 32.

ALTMAN, Fábio (org.). *A arte da entrevista*. São Paulo: Scritta, 1995.

ALVES, Rubem. *O quarto do mistério*. Campinas, São Paulo: Papirus-Speculum, 1995.

ALVES, Rubem. *O retorno e terno*. Campinas: Papirus, 1994.

ANDRADE, C. D. *Poesia e prosa*. 2. ed. Rio de Janeiro: José Olímpio, v. 2, 1985, p. 12: *Nova reunião*.

ANDRADE, Luciana Teixeira de. *Ordem pública e desviantes em Belo Horizonte (1897-1930)*. Belo Horizonte; UFMG - Departamento de Ciência Política, 1987 (dissertação, mestrado em Ciência Política).

ANDRADE, Moacir. *O Rádio em Belo Horizonte*. Revista do Arquivo Público Mineiro. Belo Horizonte, v. 33, 1982.

BARRETO, Plínio. *Lagoinha, Meu Amor*. Belo Horizonte: Santa Edwiges, 1995.

BENJAMIM, Walter. *Obras escolhidas II*: rua de mão única. 2 ed. São Paulo: Brasiliense, 1987.

BLOIS, Marlene M. *Rádio educativo*. Rio de Janeiro: UERJ, [s.d.]. (dissertação, mestrado em Educação e Tecnologia Educacional).

BOSI, Ecléa. *Memória e sociedade: lembranças de velhos*. São Paulo: Queiroz, 1983.

BRECHT, Bertold. *Propostas ao diretor da rádio*. Texto inédito.

BUENO, Francisco da Silveira. *Grande dicionário etimológico prosódico da língua portuguesa*. São Paulo: Saraiva, 1965.

CABRAL, Sérgio. *No tempo do Almirante:* uma história do rádio e da MPB. Rio de Janeiro: Francisco Alves, 1990.

CABRAL, Sérgio. *O eterno jovem.* In: CHEDIAK, Almir. *Songbook.* Rio de Janeiro: Lumiar, v. 1, 1991.

CABRAL, Sérgio. Noel Rosa. *Cadernos de Opinião.* Rio de Janeiro, Inubias 1975, p. 83-91.

CALVINO, Ítalo. *As cidades invisíveis.* São Paulo: Companhia das Letras, 1990.

CAMARGO, Aspásia e GÓES, Walder de. *Meio século de combate:* diálogo com Cordeiro de Farias. Rio de Janeiro: Nova Fronteira, 1981. (Coleção Brasil Século XX)

CAPARELLI, Sérgio. *Comunicação de massa sem mas*sa. São Paulo: Cortez, 1982.

CARVALHO, André e MARTINS, Kao. *Habla, Senõr: um homem chamado Januário.* Belo Horizonte: Armazém de Idéias, 1992.

CASÉ, Rafael. *Programa Casé:* o rádio começou aqui. Rio de Janeiro: Mauad, 1995.

CASTRO GOMES, Ângela Maria et alii. *Regionalismo e centralização política.* Rio de Janeiro: Nova Fronteira, 1980.

CHACHAM, Vera. *A memória dos lugares em um tempo de demolição: a Rua da Bahia e o Bar do Ponto na Belo Horizonte dos anos 30 e 40.* Belo Horizonte: Departamento de História - UFMG, 1994. (dissertação, mestrado em História).

CHAUNU, Pierre, DUBY, Georges et alii. *Ensaios de Ego-História.* Lisboa: Edições 70, 1989.

CHAUÍ, Marilena. *O direito à memória.* São Paulo: DPH, 1992.

CHEDIAK, Almir. *Songbook.* Rio de Janeiro: Lumiar, v. 1, 1991.

CRUZ, Sebastião Velasco, MARTINS, Carlos Estevam. *De Castello a Figueiredo: uma incursão na pré-história da 'abertura'.* In: CRUZ, Sebastião Velesco et al. Sociedade e política no Brasil pós-64. São Paulo: Brasiliense, 1984.

CUNHA, Renato Alves da. *A história da Rádio Guarani e do radiojornalismo.* Belo Horizonte: FAFI-BH (mimeo).

DEFLEUR, Melvin L., BALL-ROKEACH, Sandra. *Teorias da comunicação de massa.* Rio de Janeiro: Zahar, 1993.

DELEUZE, Gilles. *Conversações.* Rio de Janeiro: Ed. 34, 1992.

ESPESCHIT, Lindolpho. *Pelos caminhos do Brasil,* o que encontrei. Belo Horizonte: Mazza, 1995.

FILHO, Ciro Marcondes (org.). *Política e Imaginário nos Meios de Comunicação para Massas no Brasil.* São Paulo: Summus, 1985.

FONSECA, Geraldo. A era do ouro do rádio em Belo Horizonte. *Jornal de Casa.* Belo Horizonte, 23 a 29 de agosto de 1987.

GARCIA, V. J. *Estado Novo: ideologia e propaganda política.* Belo Horizonte: UFMG/Departamento de Comunicação Social, [s.d.] (mimeogr.).

GOLDFEDER, Miriam. *Por Trás das Ondas da Rádio Nacional.* Rio de Janeiro: Paz e Terra, 1980.

GOULART, Silvana. *Sob a Verdade Oficial - ideologia, propaganda e censura no Estado Novo*. São Paulo: Marco Zero/CNPq, 1990.

GUATTARI, Félix. *Caosmose*. São Paulo: Ed. 34, 1992.

GUEDES, Carlos Luiz. *Tinha que ser Minas*. Rio de Janeiro: Nova Fronteira, 1979.

Grandes Momentos do Rádio. Rede C&C de Emissoras S/C Ltda., Rio de Janeiro, 1980 (Fita-cassete).

HALBWACHS, Maurice. *A memória coletiva*. São Paulo: Vértice, 1990.

LEFEBVRE, Henri. *El Derecho a la Ciudad - historia, ciencia, sociedad*. Barcelona: Península, 1978, cuarta ed.

LE GOFF, Jacques. Memória/História. *Enciclopédia Einaudi*. Lisboa: Imprensa Nacional/Casa da Moeda, v. 1, p. 11-51, 158-259, 1984.

LENHARO, Alcir. *Cantores do Rádio: a trajetória de Nora Ney e Jorge Goulart e o meio artístico de seu tempo*. Campinas, São Paulo: UNICAMP, 1995.

LENHARO, Alcir. *Sacralização da política*. Campinas, São Paulo: Papirus, 1986.

MAFFESOLI, Michel. *A conquista do presente*. Rio de Janeiro: Rocco, 1984.

MAFFESOLI, Michel. *O conhecimento do quotidiano*. Lisboa: Vega, [s.d.]

MÁXIMO, João, DIDIER, Carlos. *Noel Rosa: uma biografia*. Brasília: UnB/Linha Gráfica, 1990.

MEYER, Marlyse. *Folhetim, uma história*. São Paulo: Companhia das Letras, 1995.

MINAYO, Maria Célia de Souza (org.). *Pesquisa social: teoria, método e criatividade*. Petrópolis: Vozes, 1994.

MIRANDA, Orlando. *A era do rádio. Nosso século*. São Paulo, Abril Cultural, 1972, n. 17.

MONTENEGRO, Antônio Carlos. *História oral e memória: a cultura popular revisitada*. São Paulo: Contexto, 1992.

MONZANI, Luiz Roberto. *Desejo e prazer na Idade Moderna*. Campinas, São Paulo: UNICAMP, 1995.

NAVA, Pedro. *Beira-Mar*. Memórias IV. 2 ed. Rio de Janeiro: Nova Fronteira.

NAVA, Pedro. *O círio perfeito*. Memórias VI. 4 ed. Rio de Janeiro: Nova Fronteira, 1983.

NOGUEIRA, José Geraldo. *Acordados na Noite - uma experiência em rádio AM*. Monografia. Belo Horizonte: Departamento de Comunicação Social - UFMG, 1995 (mimeo).

ORTRIVANO, Gisela S. *A informação no rádio*: grupos de poder e a determinação dos conteúdos. São Paulo: Summus, 1985.

PAIVA, Vanessa Padrão de Vasconcelos. Uma comunidade de ouvintes: a sociabilidade proporcionada pelo rádio. *Gerais. Revista de Comunicação Social*. Belo Horizonte: UFMG, n. 47, 1º sem. 1995.

PERRONE-MOISÉS, Leyla. *Flores na escrivaninha*. São Paulo: Companhia das Letras, 1990.

PHAELANTE, Renato. *Fragmentos da história da Rádio Club de Pernambuco*. Recife: CEPE, 1994.

PRADO, Emílio. *Estrutura da informação radiofônica*. São Paulo: Summus, 1989.

PRADO E SILVA, Adalberto. *Novo dicionário brasileiro*. São Paulo: Melhoramentos, 1965.

RAGO, Margareth. *Os prazeres da noite*. Rio de Janeiro: Paz e Terra, 1991.

RODRIGUES, Marli. *A década de 50: populismo e metas desenvolvimentistas no Brasil*. São Paulo: Ática, 1992.

ROSA, João Guimarães. *Ficção completa*. Rio de Janeiro: Nova Aguillar, v. 1, 1995, Corpo de baile, p. _____.

SAMPAIO, Mário Ferraz. *História do rádio e da televisão no Brasil e no mundo*. Rio de Janeiro: Achiamé, 1984.

SAMPAIO, Rafael. Rádio e sociedade. *Revista Propaganda*, n. 321. São Paulo: Referência, jan. 1983, ano 27, p. 56.

SCHEFFNER, Horst. Para uma teoria da peça radiofônica. In: SPERBER, George B. (org.). *Introdução à peça radiofônica*. São Paulo: EPU, 1980.

SENNET, Richard. *Narcisismo y cultura moderna*. Barcelona: Kairós, 1980.

SILVEIRA, Norberto. Aqueles dias de 1961: rede da legalidade. *Revista de Comunicação*, São Paulo, n. 26, out. 1991, ano 7.

STEPHENS, Mitchell. *História das comunicações: do tantã ao satélite*. Rio de Janeiro: Civilização Brasileira, 1993.

THOMPSON, Paul. *A Voz do Passado - história oral*. Rio de Janeiro: Paz e Terra, 1992.

TANNAHILL. *O sexo na história*. Rio de Janeiro: Francisco Alves, 1983.

VENTURA, Zuenir. *1968, o ano que não terminou: a aventura de uma geração*. 17. ed. Rio de Janeiro: Nova Fronteira, 1988.

O Autor

Fábio Martins é mineiro de Morro do Pilar. Viveu a infância em Conceição do Mato Dentro. Graduou-se em Belo Horizonte, onde, desde então, exerceu atividade como jornalista nas rádios Itatiaia e Inconfidência. Foi professor da PUC/MG e FAFI/BH. Atualmente é professor do Departamento de Comunicação Social da UFMG. Tem artigos publicados em revistas e periódicos e participa de projetos de pesquisa na Universidade Federal de Minas Gerais.

A presente edição deste livro foi composta pela **Editora C/ Arte** em tipologia Palatino 11 e impressa pela Rona Editora em sistema *offset*, papel *top print* 90g (miolo) e cartão supremo 250g (capa).